부부의 목적

김홍찬 저

한국상담심리연구원

김군의 마음, 부부편

부부의 목적

1판 1쇄 인쇄일 2018년 6월 1일

지은이 김홍찬

발행인 김홍찬

펴낸곳 한국상담심리연구원

(www.kcounseling.com)

03767 서울시 서대문구 신촌로 215-2 전진빌딩3층

☎ 02)364-0413   FAX 02)362-6152

출판등록 제2-3041호(2000년 3월 20일)

값 7,000원

ISBN 978-89-89171-24-9

부부의 목적

십여년째 끊임없이 가정 법원의 명령으로 상담 위탁된 대상자를 상담하는 일을 수행하고 있다. 거의 대부분이 남성들이고 모두 부부 혹은 자녀와 극심한 갈등으로 인해 극단적인 상황이 발생하고 엄청난 고통을 겪은 이들이다.

나는 이들을 예사로 여기지 않고 내인생 길에 운명적으로 만나야하는 동료라고 여기고 동변상련의 심정으로 대화하고 감정을 토로하고 같이 고민하면서 문제를 풀어나가고자 했다. 이들의 고민을 들어보면 마치 소낙비를 맞는 것처럼 너무나 처절하고 힘든 시간을 보내고 있다. 그들의 배우자나 가족들도 말할 수 없이 힘든 시간을 보내고 있을 것이다.

이들 모두 젊어서는 장미빛 환상으로 결혼생활을 시작하였는데, 세월이 흘러 차라리 안한 것만도 못한 지경에 빠진 것이다. 평생을 하루같이 피눈물나게 고생하면서 돈을 벌어 처자식을 위해 희생했는데, 이제 남은 것은 부인으로부터 따돌림을 당하고 자녀들로부터 무시당하고 각방을 쓰고 대화조차 못하는 신세가 되었다. 그동안 결혼 생활에 무슨 일이 있었길

래 이렇게 될 수 밖에 없었는가! 무엇이 이런 상황으로 몰아가고 있었던 걸까? 이런 문제를 접하면서 나는 적어도 부부에 관한 변하지 않는 진리를 얻고 싶었다. 복잡한 문제를 풀기위해서 수학 공식이 필요한 것처럼 부부 문제를 풀어나가기 위해서는 불변하는 절대적 명제가 필요하다. 시대마다 문화와 가치관과 풍습이 다르지만 변하지 않는 기준이 있다면 그 모델로부터 해답을 얻을 수 있기 때문이다. 부부문제를 심리학이라는 상대적인 논리로는 진정한 답을 얻을 수 없다. 갈등을 풀어나가는 정도만으로는 기대에 이르지 못한다. 이미 그런 지식은 차고도 넘친다. 중요한 것은 시대가 변해도 변하지 않는 부부간의 진리이다. 그것이 알고 싶다. 그런 면에서 이 책은 부부의 삶의 절대적 울타리를 제공하고 부부간에 무엇이 문제이고 필요한 기준인지를 깨닫게 해주며 둘이 모든 역경을 헤쳐나가야할 이유와 목적을 제시해준다. 이 책은 부부간의 변하지 않는 질서로 당신을 안내해줄 것이다.

김 홍 찬 (Ph.D)

서문
목차

부부의 목적

01
부부는 한몸이다

남자와 여자가 만나서 사랑을 할 때는 하나되기를 갈망한다. 그리고 결혼해서 한몸이 된 것을 느끼면서 살아가는 부부가 있는가 하면 매사에 싸움과 폭력과 욕설로 미워하면서 사는 부부도 있다. 그 차이는 한몸이 되었는가 아니면 분리가 되었는가의 차이이다.

한몸이라고 말할 때 한몸은 마음과 영혼이 일치한 상태를 말한다. 일치는 균형과 조화의 상태이다. 남자와 여자가 균형과 조화를 이루어 마음과 마음이 일치할 때 평형상태가 되어 평화를 유지하고 안정감을 갖게 된다.

그러면 어떻게 한몸이 되는가? 부부간의 일치는 부부마다 독특

하고 논리적이지 않기 때문에 다만 느낌으로만 알 수 있다. 부부가 일치감을 얻기위해서는 순차적으로 감각적인 느낌을 느끼고 객관적인 이성이 깨어나야 하며 양심과 깨달음을 향해 발전해야 한다. 첫째, 감각은 손을 잡거나 부둥켜안거나 성관계, 신체적 터치를 통해서 알 수 있고 둘째, 이성은 보편타당하고 객관적인 사상과 생각을 발전시켜나가는 것이고 셋째, 양심은 마음 깊숙하게 올라오는 경고음에 귀를 기울이며 넷째, 깨달음은 문제의 원인을 자신에게서 찾고 교훈을 얻는 것이다.

부부가 위와 같은 4가지를 얻지 못한다면 평생을 같이 살면서도 내적인 변화가 없기 때문에 배우자를 마음속으로 대접하기보다는 겉으로 빙빙 돌거나 상대방을 자기만족을 위한 도구 정도로만 취급하게 된다. 부부간에는 의외로 경직되고 극단적이고 자기만족적인 신념으로 굳어진 경우가 많다. 그렇게 되면 끊임없는 긴장상태를 유지하고 보이지 않게 미움과 적의가 가득하여 지옥같은 고통스런 상태를 연출할 수밖에 없다. 그러나 일치하는 부부의 특징은 마음속에서 위 4가지가 내적으로 익어가고 마음속에서 성숙한 열매가 맺어지면서 한몸을 이루어간다. 부부는 일생동안 이런 과정을 진행하면서 한몸이 되는 것이다.

부부의 일치는 심장과 폐의 관계와 같다. 심장에서는 피를 각 조직에게 공급하고 폐는 호흡을 통해 외부 공기를 받아들여서 심장에 공급한다. 심장은 폐의 도움없이는 피를 품어내지 못하고 폐는 심장의 도움없이 숨을 쉴 수없다. 둘은 서로를 통해서 긴밀하게 주고받으면서 몸을 지탱하고 유지한다. 만약 둘 중에 하나라도 잘못되면 반드시 다른 한쪽도 문제를 일으키게 된다. 심장과 폐의 일치와 조화는 서로를 위해 존재하며 서로를 더욱 건강하게 만들고 온몸을 지탱한다. 이와같이 부부의 일치는 부부를 하나되도록 결속시킨다. 부부의 행복과 즐거움은 일치에 의해 나온다.

부부는 상태를 유지한다. 사람의 몸이 일정한 온도를 유지해야 하듯이 부부는 상태가 존재한다. 최상의 상태는 순수함, 평화, 평온, 신뢰, 애정과 갈망의 상태이다. 그러나 최하의 상태로는 거짓, 불안, 불신, 미움, 냉정함이다. 전자는 부부가 일치와 조화를 이루었을 때의 상태이고 후자는 균형이 깨졌을 때의 상태이다. 상태는 마음의 온도이다. 몸속에서 일정한 온도를 유지할 때 생명력을 느끼고 살아있음을 확인하게 된다. 그러나 반대로 온도를 잃어버리고 차갑게 된다면 함께 하는 것의 의미를 잃어버리게 되어 고통을 맛보게 된다. 마음의 온도나 상태는 내적인 부분이므로 예측하거나 측량할 수 없다. 그러나 온도를 잃어버리면 몸에 이상이 오는 것처럼 부부에게도 일정한 온도를 잃어버리면 문제가 발생하게 된다.

온도를 말하자면 빛과 어두움과 비교할 수 있다. 빛과 어두움의 차이는 다양하고 그 밝기가 다르다. 빛의 조명에 따라서 아주 밝기도 하고 아주 어두워져서 보이지 않게 되기도 한다. 부부의 상태도 이와같다. 밝게 살아가는 부부가 있는가 하면 어두움속에서 서로를 제대로 이해하지 못하고 살아가는 부부도 있다. 밝은 곳에서 살아가는 짐승이 있는가 하면 박쥐같이 어두운 동굴에서 살고 있는 짐승이 있는 것과 같다.

부부는 결혼 전과 결혼 후의 상태는 다르다. 결혼 전에는 부부가 되고자 하는 경향성을 가지고 있을 뿐이다. 부부가 되고자 하는 경향성은 관심과 끌림이다. 미혼 남녀는 서로에 대해 관심을 갖고 그리워하고 상대방에게 잘 보이기 위해 노력한다. 그러나 결혼 후에는 상황이 다르다. 결혼 후의 부부는 자녀를 낳고 양육하는 상태로 돌입하게 된다. 결혼후에는 미혼과 달리 다양한 변화가 존재한다. 그 변화가 얼마나 급변하는지를 결혼한 사람들은 이미 경험해 보았을 것이다. 그러나 결혼전의 상태를 그대로 유지하고 싶어하는 사람도 있는데, 그것은 결혼의 상태 변화에 적응하지 못하고 있다는 증거이다.

결혼생활은 변화에 적절하게 대처하는 과정이라고 할 수 있다. 부부는 서로에게 적응하기 위해 매순간 갈등과 부조화를 겪어야 하고 그로인해 수많은 위기와 난관을 접하게 되어 사랑과 미움을 반복한다. 그런 과정을 반복하면서 세월이 흐르고 몸은 늙어간다. 이런 과정에서 서로에게 상처를 주기도 하고 받기도 하며 이혼의 아픔을 겪기도 한다. 그러나 모진 비바람이 몰아치는 듯한 힘든 환경에서도 마음과 마음의 관계를 더욱 소중하게 여기고 서로에게 헌신된 부부는 마음의 일치로 점점 더 결속하게 된다. 이런 부부의 특징은 서로의 마음을 소중히 여긴다. 이들은 상대방에 대해 먼저 마음으로 느끼고 마음으로 대접한다. 부부간에 주고받을 수 있는 최고의 선물은 순결한 마음이다. 상대방에게 진실된 마음을 가지고 대접할 때 따뜻한 온기와 함께 생동감이 넘치고 자녀들에게 건강한 분위기를 안겨주며 평온한 삶을 유지할 수 있다. 그러나 상대방을 지배하고자 들고 소유욕에 집착하게 되면 언제나 위기를 만날 수밖에 없다. 이런 자는 상대방을 섣불리 판단하여 폭력을 가하고 저급한 생각에 사로잡혀서 자기 만족의 배를 불리려고 한다. 이런 삶을 사는 자를 짐승으로 비유하자면 돼지와 같아서 무엇이든 욕심에 의해 행동하여 결국 도살장으로 끌려들어가고 마는 불쌍한 신세가 된다. 이런 성품으로는 올바른 관계를 유지할 수 없다. 이런 자는 항상 자기만족을 채우기 위한 수단으로 상대방을 이용하려 든다. 결혼 전에 가졌던 순수하게 서로를 그리워하는 마음은 온데간데 없고 오로지 자기 만족의 목표에만 매달리게 된 것이다.

부부는 둘이 한몸이 되는 과정이라고 했는데, 한몸이라고 할 때에는 육체적 결합과 동시에 눈에 보이지 않는 마음과 마음의 연합이 필요하다. 그러므로 한몸이 되기 위해서는 아내는 남편으로부터 지혜를 받아야하고 남편은 아내로부터 사랑을 받아야만 한다. 다시말해서 상대방으로부터 사랑과 지혜를 공유해야 한다. 이렇게 해서 부부는 연합하여 하나를 이룬다. 즉, 아내는 남편과 하나되고자 사모하는 마음으로 남편의 지혜를 받아들이고 남편은 아내와 하나되고자 아내의 애정을 마음속에 받아들인

13

다. 이로써 성숙한 남편, 성숙한 아내가 되는 것이다. 마치 태양으로부터 빛을 받아들임으로 나무의 잎이 자라고 꽃이 피고 열매를 맺는 것처럼 말이다. 이렇게되면 부부는 애정과 지혜가 모여서 서로를 즐겁게 해주고 자신 또한 기쁨을 갖게 된다. 이것이 결혼후 목표해야할 상태 변화이다.

또한 진정한 부부가 되기 위해서는 가장 깊은 곳에 순수와 평화가 있어야 하고 그다음에는 평안 그다음에는 신뢰 그다음은 관심과 애정이 있어야 한다. 부부는 먼저 상대방에 대한 관심과 애정을 유지해야 한다. 서로에 대해 관심을 잃어버린 부부는 같이 살아가야할 이유를 찾지못해 결혼의 의미를 잃어버리게 된다. 즉, 함께함의 의미를 찾지 못하는 것이다.

일단 서로에 대해 관심을 갖고 어느정도 애정을 갖추게 되면 서로간 신뢰를 쌓게 된다. 신뢰는 집의 기초석과 같다. 신뢰가 무너지면 집전체가 무너지는 것처럼 부부는 서로의 신뢰의 바탕 위에서 가정을 이룬다. 그리고 신뢰를 갖게 되면 평안의 상태를 유지하게 된다. 마음이 안정되고 평안하면 불안에서 벗어나게 된다. 이렇게 될 수 있는 근원지는 순수이다. 언제나 순수는

평화를 불러온다. 이러므로 부부는 평화와 더불어 살아있는 상
태를 유지한다.

살아있다는 것은 변화를 의미한다. 예컨대, 자연만물은 언제나
상태변화를 가지고 있다. 봄, 여름, 가을, 겨울의 순환과정을 통
해 각 계절이 변화한다. 사람은 영아기, 유년기, 성인기, 장년
기, 노년기를 통해서 상태 변화를 이룬다. 생명은 하나의 상태
에서 또 다른 상태를 만들어내고 이어진다. 이렇게 인간은 상태
의 발전을 이룬다. 자연이 변화하듯이 사람의 일생의 과정을 거
쳐 상태도 다양한 변화를 만들어낸다. 변화는 깊고 넓다. 우주
만물이 끝이 없고 넓은 것처럼 부부는 무한하고 다양하게 긍정
혹은 부정의 상태를 만들면서 변화한다.
마치 살아있는 유기체와 같다. 부부가 만들어내는 상태는 부부
로 하여금 기쁨을 만끽하게 하기도 하고 고통스러운 맛을 느끼
게 한다. 왜 그런 현상이 일어나는가? 그 이유는 부부관계는 마
음과 마음의 결합이기 때문이다. 마치 음식이 결합하여 다양한
맛과 향기가 나오는 것과 같다. 즉, 하나됨의 맛이다.

☞ 배운 것을 삶에 적용할 수 있도록 서로 나눠 봅시다.

● 한몸은 어떤 상태를 말하는가?

● 부부가 일치감을 얻기위해서는 무엇을 발전시켜 나가야만 하는가?

● 부부간 최상의 상태는 무엇인가?

● 결혼전과 결혼후의 상태는 무엇이 다른가?

● 자신이 부부되어서 변화된 상태의 과정을 설명해보라.

● 아내는 남편으로부터 무엇을 받아야 하는가?

● 심장과 폐로 부부관계를 설명해 보라

☞ 사랑의 정의

사랑이란 내 자신과 다른 이의 영적, 정신적, 신체적 성장을 살찌우기 위해 자신의 영역을 넓히고 확장해 나가는 의지적 행동이다.

— M. Scott Peck / 아직도 가야할 길의 저자 —

02
부부 온기와 냉기

누군가에게 가까이 다가섰을 때 싸늘함을 느껴본 일이 있는가? 누군가에게 다가섰을 때 따뜻함을 느껴보았는가? 부부간에는 이런 흐름이 존재한다. 부부간에는 온기와 냉기의 흐름이 존재한다. 온기와 냉기는 사랑의 관계 온도이다. 온기는 사랑이 가득한 상태이고 냉기는 사랑이 소멸된 상태이다. 사랑의 온기가 있는 부부는 감각적으로 흥분되어 있고 심적으로 고조되어 있다. 이는 분위기를 통해서 알 수 있다.

온기가 있는 부부는 접촉하기를 즐겨하고 성적으로 고양되고 마음속에 기쁨이 있고 입에서는 웃음과 함께 노래와 시가 흘러 나온다. 그러나 온기가 식어져서 차거워지면 모든 면이 싸늘해져서 스트레스와 무의미가 쌓인다. 마치 타다 남은 재와 같아서

17

부부는 서로 얼굴을 마주 보기도 어렵다. 그래서 대화가 없어지고 서로 피하려고만 든다.

냉기는 마음이 맞지 않음, 무관심, 불화, 무시, 혐오, 미움의 상태이다. 냉기가 흐르면 주위 사람들에게 영향을 미치며 자녀와 다음 세대에 대물림으로 이어간다. 냉기는 관계를 파괴시키며 부부 사이를 무너뜨리는 암적 요소이다. 가정에서 냉기가 흐르면 고성과 온갖 욕설, 이혼과 별거, 각방 쓰기가 일어난다.

냉기는 어떤 경우에 오는가?

첫째, 아내가 남편을 미워할 때 냉기가 찾아온다. 아내가 남편을 미워하면 아내로부터 차가운 바람이 불어서 남편에게 쏘이게 되는데, 그때부터 남편은 정신적 침체에 빠지며 안식을 잃어버리고 불행을 겪을 수밖에 없다.

더구나 아내는 남편을 속속들이 모두 파악하고 있다. 남편은 대부분 사회적인 신분과 평판에 따라 운명이 결정된다. 그런데 이것이 아내에게 달려 있다는 말이다. 그 이유는 아내는 남편의 지극히 작은 부분까지 세세하게 잘 알고 있기 때문이다. 남편의 아킬레스건을 파악하고 있기 때문에 자신이 무슨 말을 하면 남편이 뒤집어지는 지를 잘안다. 만일 아내가 남편의 사회적 신분에 맞게 남편의 성공을 위해 뒷받침을 한다면 남편은 더욱 성공할 수 있다. 그러나 아내가 남편을 못마땅하게 여기고 주위 사람들에게 폄하를 하면서 노골적으로 증오한다면 남편은 얼마 못가서 그 운이 쇠하게 된다. 왜냐하면 아내의 마음에서 냉기를 흘려 보내기 때문이다. 그런 경우에 남편은 아내의 비위를 간드리지 말고 맞추기 위해 노력해야 한다. 아내로 하여금 남편을 돕고자 하는 마음이 일어나도록 해야 한다.

둘째, 부부가 균형을 이루지 못하고 한쪽으로 치우치는 경우이다. 나이차, 학력, 종교, 재력, 건강사유, 시부모 모심, 국제 결혼 등의 사유로 인해 한쪽으로 쏠린 부부들이 있다. 그래서 한쪽 배우자가 다른 배우자를 무시하거나 학대하기도 한다. 이 경우에는 한쪽이 인내해야 한다. 참으면서 견디어 나가야 한다. 인내하게 되면 반드시 희망이 생긴다.

셋째, 부부가 극심한 갈등이 있을 때 냉기가 흐른다.

부부 갈등이 오는 경우는 자녀 양육, 돈, 의사소통, 외도 등의 이유인데 이로 인해 불화를 겪게 된다. 그러나 만일 갈등으로 인한 불화를 극복하기 위해 전문가와 상담을 하거나 조정을 시

19

도한다면 화해가 일어날 수 있다. 그러나 둘다 화해가 의사가 있을 때만 가능하다. 보통 부부가 갈등을 겪을 때 대화를 시도하다가 싸움으로 확대될 수 있다. 대화는 위험스러운 지뢰밭을 걷는 것과 같다. 고로 대화하다가 언제 폭발하여 극단적인 문제가 발생할지 모른다. 그러나 그런 위험을 무릅쓰고 대화를 시도한다면 갈등은 어느정도 줄일 수 있다.

넷째. 아내가 남편에 대한 호감이 사라질 때 냉기가 온다. 아내가 다른 데 마음을 빼앗기게 되면 부부 사이에 문제가 발생한다. 이 경우는 좀더 심각한 상태이다. 만일 이때 남편이 원인을 자신의 탓으로 여기고 반성의 기회를 삼고 아내가 남편의 호의를 순수한 마음으로 받아들인다면 애정으로 이어질 수 있다. 그 애정은 안정감, 안전함, 보호, 상냥함으로 나타나게 된다.

다섯째, 부부중 한쪽이 다른 여자 혹은 다른 남자를 사귀게 되면 순수가 소멸하여 냉기가 발생한다. 이 경우는 파국이 문앞에 이른 상태이다. 부부가 서로에 대한 순수가 사라지는 순간 그 순간부터 부부는 열정이 식어지게 된다. 이런 경우에는 아주 심각하여 둘사이에 전쟁이 벌어지거나 이혼하기도 한다.

여섯째, 부부 한쪽이 지배욕을 갖게 되면 냉기가 찾아온다. 지배욕은 자신은 바르게 살지 않으면서도 상대방을 자기의 이익과 의도대로 조정하겠다는 뜻이다. 이런 자의 말투를 들어보면 "왜 시키지 않은 짓을 하는거야!" 같은 말을 사용한다. 부부중 한쪽이 지배욕을 갖게 되면 상대방은 그로인해 희생을 당하게 된다. 지배욕을 가진 자의 얼굴과 말투를 보았는가? 그로인해 희생당한 자의 모습을 보았는가?

그러므로 부부 온기를 확대하기 위해서 어떻게 해야 하는가? 부부 상호간에 바르게 살고자 하는 마음과 선한 의도가 있어야 한다. 그러기 위해서는 부부간에 결혼전에 가졌던 순수가 필요하다. 순수함이란 상대방의 선한 의도를 의심없이 받아들이는 것을 말한다. 상대방의 의도를 의심하여 동기를 확인하려 들거나 믿지 못하면 언제나 고성과 폭력으로 이어진다. 의처증과 의부증은 순수 의도를 받아들이지 못한 데서 오는 병적 상태이다. 순수가 사라지면 부부간의 따뜻한 열기는 곧 식어버리고 상대방을 무너뜨리기 위해 온각 전략을 꾸민다. 이런 부부는 간신히 부부라는 이름만 유지할 뿐 부부라고 말할 수없는 상태가 된다.

●생각해 보기●

☞ 배운 것을 삶에 적용할 수 있도록 서로 나눠 봅시다.

● 온기와 냉기는 어떤 상태를 두고 말하는가?

● 냉기는 어떤 경우에 오는가?

● 부부 온기를 위해서는 무엇이 필요한가?

● 지배욕으로 상대방을 희생시키지 않았는가 생각해보라.

● 남편과 아내는 무엇을 회복해야 하는가?

☞ 부부 싸움에서 피해야 할 사항들

① 상대방을 듣지 않고 자기 말만 하는 것

② 서로에 대해 포기해 버리고 대화 자체를 중단하는 것

③ 거짓말하는 것

④ 과거의 상처만 나열하는 것

⑤ 타인의 말을 듣고 배우자를 공격하는 것

⑥ 함께 하는 일이나 대화 계획이 없는 것

⑦ 서로를 의심하고 신경전을 벌이는 것

⑧ TV, 취미 생활, 외부 모임, 일 등으로 피하는 것

⑨ 사소한 일로 다투며 심한 잔소리를 하는 부부

03
부부 모델

고대로부터 현대에 이르기까지 아이가 자라서 어른이 되고 남자와 여자는 혼인하여 부부로 살다가 죽는다. 삶의 대부분을 부부로써 살아간다. 그렇게 오랜기간 동안 부부로 살아가지만 어떤 모델을 본받아야 하는지 알지 못한 채 생각나는 대로 말하고 행동하며 감정에 도취되어 화를 내다가 제 풀에 쓰러진다. 그리하여 부부로 살면서 후회와 상처만 남는다.

그러면 어떤 삶이 최상의 부부 모델인가?
부부는 먼저 자신의 부부됨이 하늘이 맺어준 인연임을 생각해야 한다. 세상에 우연이란 없다. 비록 힘든 부부생활을 영위한다고 할지라도 하늘의 인연이라고 여기면 신께 감사할 수 있다면 회복의 가능성이 열린 상태이다. 그러므로 부부가 됨을 운명으로 여기고 서로가 서로를 행복한 삶을 살게끔 도와주는 것이 부부 모델이다. 적어도 나와 일생을 같이 하는 배우자가 행복하다면 기분이 좋지 않겠는가? 부부가 하늘이 맺어준 인연이라고 말하는 이유는 남녀가 서로 사랑할 때 흔히 쓰는 말이 있다.

"우리는 영원히 변치 말고 함께 사랑하면서 살아가요." 이런 말투에서 부부는 영원을 향해 진행하고 있음을 암시하고 있다. 이런 말은 인류가 살아오면서 체득된 말이다. 고로 부부가 된다는 것은 죽음이후의 영원한 삶을 향해 걸음을 걷는 것이다. 결혼식장에서 선남선녀는 혼인 서약을 하고 새로운 삶을 위해 출발한다. 둘은 이제 웨딩마치 음악소리와 함께 부부의 이름으로 살아가는 법을 배운다.

그러면 부부 모델에는 어떤 요소가 있는가?

그것은 애정과 판단이다. 이 두가지가 부부모델을 위한 요소이다. 부부생활이란 작고 큰 일에서 판단하는 작업이 연속적으로 진행되는 관계이다. 상대방에 대해 비판, 잔소리, 쓴소리 부터 크고 작은 일에 상대방을 판단한다. 이러한 판단은 상대방의 기분과 감정을 상하게 만든다. 그러므로 각자가 이성을 가지고 주관적인 판단을 삼가고 합리적이고 객관적 판단을 한다면 부부는 상대방에 대해 객관성을 유지하고 이성적이고 합리적인 관계를 유지하게 될 것이다. 이런 객관성으로 돈 관리, 자녀 양육, 직장 생활, 시부모관계, 종교 생활 등 모든 면에서 협력 관계를 맺는 것이다. 이것이 부부가 나아갈 방향이다. 객관적 판단은 지혜의 작업이다. 그 지혜는 상대방에 대해 선한 의도를 가지고 판단하게 되는데 이를 두고 합리성이라고 한다.

우선 객관적 판단을 하게되면 애정이 싹튼다. 주관적 판단은 상처와 불신을 가져오지만 객관적 판단은 애정을 가져오고 애정은 험악한 세상에서 유연하게 대처하도록 삶의 유연제 역할을 한다. 그렇게 해서 부부의 방향성이 결정된다.

부부는 작은 일에서부터 큰 일에 이르기까지 매순간 선택하며 움직이는 살아있는 유기체와 같다. 지혜로운 부부는 신중하게 자신의 삶을 되돌아보려고 노력한다. 어리석고 미련한 부부는 절대로 자신의 삶을 되돌아보지 않는다. 완벽한 부부 모델은 없다. 하지만 삶에서 일어나는 작은 일과 큰 일에 이르기까지 객관성을 유지하고 합리적 판단을 배우고 또 수정하면서 애정을 만듦으로 부부 모델을 만든다.

예컨대, 아내의 실수에 대해 남편은 세련되고 부드러운 말투로서 아내의 마음을 다독거리며 격려하며 호의를 베풀고, 아내는 실수를 인정하고 남편을 호의에 감사한다. 또 남편이 실수했을 때 남편은 의기소침하고 용기를 잃어버리는데, 이때 아내는 꾸중하거나 마치 천지가 무너지는 것처럼 호들갑을 떨지 않고 남편에게 친절하게 대하고 용기를 준다면 남편은 좌절에서 재기하게 되고 아내에게 감사하게 될 것이다. 이렇게 남편과 아내는 객관적 판단과 애정으로 서로를 다독거리고 어루만지는 것이 필요하다. 그리하여 험한 세파에서 가정의 평온한 질서와 화합을 위해 노력해 나가는 것이다. 그러므로 부부의 말과 행동은 합리적 분별력을 근거로 이루어져야 한다.

부부는 자녀에게 아버지와 어머니이다. 대개 아버지는 멀리 내다보는 지혜가 있다. 아버지는 자녀의 장래와 직업 등에 대해 인생의 큰 길을 제시할 수 있는 현명한 판단력을 가지고 있다. 반면에 어머니는 뱃속에서부터 자녀를 임신하면서 산고를 겪었기 때문에 자녀를 애정으로 대한다.

아버지는 지혜의 눈으로 자녀를 이끌며 어머니는 사랑의 가슴으로 자녀를 보살핀다. 고로 자녀는 지혜의 눈과 애정의 가슴을 통해서 질좋은 삶의 영양분을 공급받아 그 힘으로 인생길을 걷는 것이다. 만일 아버지와 어머니의 세계가 조화를 이루면 더 말할나위 없이 건강한 양분을 얻을 수 있다. 그러나 둘의 조화가 깨지면 자녀는 두세계의 보살핌을 제대로 공급받지 못한다.

최상의 부부 모델은 선용의 목표로 나아가는 모델이다. 부부는 선용의 방향과 목표를 향해 함께 길을 걸어가는 존재이다. 이 것이 암컷과 수컷의 세계에 주어진 우주만물의 원리이다. 선용 이란 남편이 아내에게, 아내는 남편에게 선한 의도로 봉사하면서 살아가는 것을 말한다. 나아가 자녀, 부모, 이웃과 사회에 확대하여 선용의 열매를 맺는 것이다. 이것이 최상의 부부 모델이다. 그러므로 부부는 자녀양육, 부모 공경, 사회 봉사 등 모든 면에서 선용해야 한다.

결국 부부 선용은 타인에게 유익함을 주는 것이다. 부부가 고생되더라도 함께 노력하여 선용 한다면 부부의 목적이 달성된다.

☞ 배운 것을 삶에 적용할 수 있도록 서로 나눠 봅시다.

● 부부 모형은 무엇을 말하는가?

● 부부모형의 요소는 무엇인가?

● 부부는 하늘이 맺어준 인연인가? 말해 보라

● 부부가 나아갈 방향은 무엇인가?

● 남편이 해야할 덕목과 아내가 해야할 일은?

● 부부는 자녀를 어떻게 대해야 하는가?

☞ 찰스황태자와 다이애나의 결혼식에서 주례자 로버트런시 켄더베리 대주교는 주례사에서 이런 말을 했습니다. " 여기 동화의 여주인공인 왕자와 공주가 있습니다. 동화는 이시점에서 행복하게 살았답니다는 말로 끝납니다. 동화에서는 결혼을 연애의 종착지로 보기 때문입니다. 그러나 우리는 결혼식을 종착지가 아닌 모험의 시기로 봅니다."

04
부부의 힘

부부의 목적은 남자와 여자가 만나서 아이를 생산하고 양육하는 것이다. 즉 부부는 끊임없는 성장과 재생산의 과정이다. 부부의 목적은 상대방의 정신적이고 육체적인 생산이 지속적이고 반복적으로 이루어지도록 헌신하는 의지적 작업이다. 그러니까 자기보다는 타인을 위해 유익을 주는 관계 발전이다. 자연은 이런 원리를 유지하고 있다.

예컨대, 동물들은 암컷과 수컷이 자연스럽게 짝짓기를 하여 재생산을 이룬다. 연어는 드넓은 바다를 지나 강물을 거슬러 짝짓기를 하고는 기운이 다하여 그 생명을 마무리한다. 식물들도 역시 그런 과정을 거쳐 씨를 퍼트리고 재생산의 과정을 거친다.

식물은 씨를 퍼트리고 동물은 다산으로 재생산의 결실을 이룬다. 사람도 마찬가지로 남자와 여자가 서로 결합하여 자녀를 낳고 키우는 과정을 반복한다. 이는 고대로부터 이어져 왔던 본능적 전통이며 그 일은 앞으로도 영원히 계속될 것이다. 그러므로 성인 남자들은 씨를 뿌리기 위해 준비되어 있으며 또한 성인 여자들은 씨를 받을 준비가 되어 있다. 둘은 씨를 뿌리고 씨를 받기 위해 서로 탐색하고 자극하여 서로 원하는 상태가 되었을 때 비로소 부부가 된다.

부부가 되기까지 오랜기간 동안 혼자 살았었다는 사실을 기억할 필요가 있다. 부부 싸움이 있으면 고통스럽지만 더 깊은 관계를 맺을 기회를 갖게 된다. 위기는 언제나 기회가 된다. 자신이 상대방의 따끔한 경고로 거짓되고 경직된 신념에서 깨어날 때 비로소 성장과 성숙이 일어난다. 부부중 한사람이 거짓된 신념이나 추론에 사로잡히면 헛되고 망령된 신념에 함몰되어 자기중심적인 생각을 가지고 모든 것을 판단한다. 이런 사람들은 쉽게 자만에 빠지게 되는데 결국 상대방의 삶을 망가뜨리게 된다. 마치 굶주린 시커먼 개가 행인에게 달겨드는 것처럼 비인격적이고 비논리적인 욕심에 사로잡혀서 거짓된 칼을 휘둘러 상대방을 난도질하게 된다. 결국 상대방의 인생에 지렛대 역할을 하여 상대방을 성장시키기 보다는 발목을 붙잡아 상처와 고통을 안겨주어 상대방의 삶을 무너뜨리는 역할을 하게 된다. 배우자의 이런 행태로 평생을 좌절과 절망속에 보내는 자들이 있다.

아내는 본능적으로 남편을 행복 또는 불행하게 할 수 있는 능력을 가지고 있다. 남편들은 아내를 즐겁게 함으로 그 자신이 아내로부터 행복을 얻을 수 있다. 또한 아내는 남편에게 행복을 주기 위해 능력을 발휘한다. 아내는 남편의 말과 행동으로 사랑을 느끼고 만끽하면서 남편의 성향과 감정의 변화에 대해 예의 주시한다. 남편이 헛된 생각을 하거나 자만에 빠져 있거나 다른 여인을 쳐다보거나 하면 아내는 금방 알아차리고 응징을 한다. 이 부분에 대해 아내는 예민하게 반응하여 남편을 자제시킨다. 그러나 현명한 아내는 소박하고 단정하게 남편을 자신에게 예속시키는 방법을 잘알고 있다. 남편에게 예의를 차리고 겸손하게 존경하는데, 결국 남편은 그 아내의 헌신적인 태도에 굴복하게 된다. 그러나 그렇지 못한 미련하고 어리석은 아내도 있다. 교양이 없는 태도, 과도한 요구, 무시하는 교만한 표정, 막

무가내의 욕설, 무지막지한 말투로 남편을 짓밟아 결국 남편을 파멸과 죽음에 이끄는 부인도 있다. 그만큼 아내의 위력은 대단하다.

아내는 사랑의 방법을 숨기고 있다. 남편 모르게 마음 깊숙이 채찍과 당근을 감추고 필요할 때마다 꺼내어 사용한다. 그 방법은 수가 많고 다양하다. 남편들은 이러한 아내의 변화에 대해 어리둥절하며 때로 무서워서 대꾸하지도 않고 도망한다. 마치 폭풍이 몰아치는듯 격렬하게 몰아치는데, 아내가 판단하기를 남편이 반성의 기미나 잘못을 인정할 때까지 인정사정없이 철퇴를 가한다. 아내는 신체 내부에 남편의 모든 상태를 시각, 청각, 촉각으로 알 수 있는 레이더 기능이 있다. 흔히 이를 육감이라는 말로 표현한다. 그러나 남편에게는 이런 기능이 없다. 단지 아내의 말을 들어보고 파악하는 기능만 있다. 그러나 두종류의 아내가 있음을 이해하라. 즉, 선한 아내와 악한 아내이다.

남편을 채찍으로 응징할 때 선한 아내는 겉으로는 화내고 다투고 귀에 거슬리는 욕설을 하지만 속에서는 선한 의도와 사랑을 가지고 있다. 이를 알 수 있는 것은 금방 화해가 가능한 것에서 알 수 있다. 그러나 악한 아내는 겉과 속 모두 남편을 미워하여 남편을 지옥의 구렁텅이 빠뜨리고자 한다.

아내는 남편을 조절한다. 아내의 남편 조절 능력은 신이 부여한 감각적 본능이다. 아내가 남편을 조절하는 이유는 남자를 행복하게 하고 가정을 보호하고자 하기 위함이다. 아내는 자신과 자녀를 지키기위해서는 남편의 돌봄과 보호가 필요하다. 아내가 남편의 울타리 안에 있을 때 남편과 한몸을 이룰 수 있고 결실을 맺을 수 있으며 자신도 남편의 사랑으로 기쁨을 만끽할 수 있기 때문이다. 아내가 남편의 돌봄을 받기위해서는 남편을 언제나 자신의 영역안에 두어야만 한다. 아내에게는 신께서 특별히 주신 안테나가 있으며 남편의 성향과 변화에 대해 언제나 민감하게 반응한다. 흔히 이를 두고 여자의 잔소리와 바가지, 돌발적인 행동이라고 하지만 여자의 입장에서는 생존적 본능작업이라고 볼 수 있다. 그러므로 남편은 아내의 표정과 분위기를 살펴보라. 아내의 분위기는 레이더망처럼 남편의 상태에 민감하게 반응하여 남편을 조절하는데, 남편은 이에 대응하기에 벅차기도 하고 가끔은 황홀하기도 하다. 이렇게 아내의 변화는 유기적으로 남편에 대한 알아차림을 가지고 자극을 반복한다. 이

33

것이 남자와 여자의 일생이다.

아내는 다정다감하고 얌전하고 겸손한 말과 억양으로 남편에게 복종하는 듯 하지만 사실은 남편을 조절하는 중이다. 남편은 아내의 이런 말투에 희비가 번갈아 있는 것이다.

그러나 보통 아내는 내 남편에게 강약의 수위를 조절하면서 애교, 음식, 옷차림, 미모, 성으로 남편을 조절한다. 적절하고 다양하게 구사하여 남편을 다독거린다. 본래 여자는 음식요리를 하는 존재들이 아닌가? 여러 양념을 버물리듯이 다양하게 남편에게 사용한다. 아내의 조절에 따라 남편은 아내에게 이끌리게 된다. 마치 아이가 어머니에게 이끌리듯 말이다.

그러나 아내가 자신의 조절능력을 거칠게 구사하면 남편은 혹독한 고문을 경험하게 된다. 남편에 대한 아내의 감정은 그 누구도 제어하기 어렵기 때문이다. 아내의 조절능력은 천부적 성향과 더불어 부모로부터 전수해져서 오는 것이고 사람마다 다양하다. 여자의 조절하는 능력으로 남자는 행복과 불행의 세계를 왔다갔다 한다.

남편은 달콤한 포도송이와 신포도송이를 들고 있다. 다시말해

지혜로움과 정욕을 가지고 살아간다. 정욕은 약간의 쾌락을 얻지만 언제나 불안과 공포에 시달리며 결국 불행의 바닥에 추락한다. 그러나 지혜는 기쁨에 이르고 평안으로 인도한다.

남편은 지혜를 가지고 생산적이고 사회적인 존경을 얻는데 사용한다. 그러나 정욕을 가지고 시간과 정력을 낭비하는 이들도 있다. 이런 남편의 지혜와 정욕의 오고감을 아내는 주관적인 감각으로 판단하고는 남편의 버릇을 고칠 준비를 한다.

남편이 가정과 사회에 지혜를 사용할 수 있도록 아내는 도와주어야 한다. 그것이 현숙한 아내이다. 그러나 그 반대의 미련한 아내가 있다는 점도 유의하라. 미련한 아내는 허황되고 시간을 자신을 몸가꾸기에 쓰고 고가 화장품과 사치스런 옷가지와 보석을 구입해서 자신의 몸매를 치장하고는 남편이 아닌 다른 남자에게 잘보이고 그에게 애정을 쏟는다. 이렇게 남편과 자녀와 주위 사람에게 혼란을 안겨주고 가정을 희생시킨다.

반면에 지혜로운 아내는 순수한 사랑을 가지고 남편과 하나되기를 원한다. 순수는 남편과 결속할 수 있는 힘이다. 아내는 남편을 의존함으로 계속적으로 사랑을 낳는다.

☞ 배운 것을 삶에 적용할 수 있도록 서로 나눠 봅시다.

● 부부가 되는 목적은 무엇인가?
● 고대로부터 내려오는 부부가 갖는 전통은 무엇인가?
● 부부 다툼은 어떤 일이 벌어지는가?
● 아내는 남편의 행복을 위해 무엇을 숨기고 있는가?
● 남편에게는 없는 아내의 특별한 능력은 무엇인가?
● 아내의 조절능력이 어떻게 진행되는가?
● 남편과 아내가 가져야할 덕목은 무엇인가?

☞ 선택의 힘

빅터프랭클은 오스트리아 비엔나의 26세에 정신과 의사가
되었다. 그는 독일 나치 게슈타포에 체포되어 수용소에서 강
제노동을 하였다. 아버지, 어머니, 누이, 아내가 산 채로 소
각당한 소각로에서 일을 했다. 그는 삼베조각으로 발을 싸기
위해 한시간 일찍 일어나므로 동유럽의 추위를 버티어 냈다.
그들은 빅터 프랭클에게 갖가지 비난과 거짓말을 동원해서
취조를 하였지만 프랭클은 말하기를 "나는 아직 나의 태도
를 선택할 수 있는 힘이 남아 있다!"고 하였다.

05
부부 결합과 분리

부부는 함께 살아가는 동안에 결합과 분리를 반복한다. 부부는 서로에 대해 호감을 가질 때는 결합하고 반감을 가질 때는 분리된다. 무엇이 결합과 분리로 이끄는가? 그것은 상대방에 대한 애착과 생각이다. 긍정적 애착과 생각은 부부가 하나 되어 손을 잡고 걸어가도록 만들고 부정적 애착과 생각은 부부가 등을 돌리게 만든다. 긍정적 애착이 작동하면 상대방의 모든 면이 사랑스럽게 보인다. 긍정적 애착에는 순수 의도가 숨어있어서 희망을 갖게 하고 결합하도록 이끈다. 순수한 의도가 있으면 결합으로 이끌지만 상대방을 욕심을 위한 도구로 이용하면 분리된다. 부정적 애착이 작동하기 때문이다. 그러므로 자신의 의도가 순수하게 상대방을 위한 일인지 자신의 욕심이 섞여있는지를 검색해야 한다. 다시말해서 순수 의도가 있는지를 되새겨 보아야 한다. 순수 의도는 긍정적 애착을 이끌고 그 방향이 결정된다. 순수 의도는 생각의 영역이다. 결국 생각을 긍정적으로 하면 애착으로 인한 기쁨이 올라오고 부정적이면 애착이 분노로 돌변한다.

부부의 결합과 분리는 상대방에 대한 동의와 거부에 따라서이다. 동의할 것인가? 아니면 거부할 것인가? 하는 선택이다. 동의하는 것은 결합을 선택하는 것이고 거부하는 것은 분리를 선택함이다. 동의의 선택 정도만큼 결합되고 거부의 선택 정도만큼 분리된다.

결합의 기운은 어디에서 오는가? 서로 끌어안은 남녀는 가슴과 가슴을 맞대고 팔로써 끌어안으며 심장과 심장을 맞대면서 상대의 호흡과 심장이 뛰는 것을 느낀다. 가슴과 가슴의 접촉으로 사랑의 기운이 가슴에서 온몸으로 퍼져 나간다. 예컨대, 손을 잡고 있을 때보다 얼굴과 얼굴, 가슴과 가슴을 접촉할 때 사랑의 기운을 더욱 느낀다. 등을 맞대면 그런 기운을 느끼지 못한다.

흔히 반가운 사람을 대하거나 운동선수가 승리를 맛보게 될 때, 또는 사랑하는 연인이 만나게 될 때 서로 끌어안는다. 허깅은 악수보다도 더욱 정겹고 친근감이 흐른다. 아이를 끌어안은 어머니의 가슴에서 아이에 대한 사랑의 기운이 전달된다. 이처럼 결합은 사랑의 기운이다. 부부간에는 결합의 기운이 작동되고 그 기운에 의해 부부 사랑의 관계를 유지하게 된다. 사랑의 기운은 부부 상호간에 기쁨과 즐거움이 가득하게 만들고 그 기운은 자녀들에게 흐르고 주변의 사람에게 전가된다.

부부 사랑의 기운은 부부에 따라 다양하게 등차가 결정되는데, 부부 사랑의 기운이 진하기도 하고 그 정도가 미미하기도 하는데 기운의 정도에 따라 결합의 열매를 맺는다. 이는 첫날밤에서 시작하여 죽음에 이르는 순간까지 지속되는데 점차로 결합의 정도가 무르익어 결속력이 강한 부부가 있는가 하면 결속력이 약한 부부도 있다. 그 차이는 애착과 생각을 가지고 상대방에 대해 얼마나 노력하는가에 따라 다르다.

그러면 결합을 하려면 어떻게 해야 하는가? 어떤 부부는 사랑하고 싶어도 마음이 사랑할 마음이 안생긴다고 말하기도 한다. 그러나 알라. 사랑은 정성과 노력을 먹고 자란다는 것을 말이다. 예컨대, 식물이 싹이 트고 열매를 맺는 것은 인간이 할 수 있는 일이 아니다. 그러나 밭에 물을 주고 거름을 매주는 작업은 할 수 있다. 어떻게 땅을 갈아엎거나 물을 주지 않으면서 식물이 자라기를 기대하는가? 중요한 것은 부부가 긍정적 애착과 생각을 가지고 부부 사랑을 위해 얼마나 노력했는가 하는 것이다.

아내는 거울을 보듯이 자신의 마음속에 있는 남편을 본다. 거울에 비친 남편이 자기를 향해 웃고 있으면 즐거움으로 응답한다. 자기 마음의 거울에 비친 남편의 얼굴이 자기를 비난하거나 외면하면 아내는 분노한다. 중요한 것은 아내 자신의 마음속에 새겨진 남편을 어떻게 보고 느끼는가 하는 것이다. 아내는 자신의 마음의 거울에 비친 남편을 느끼고 판단하기에, 남편의 입장에서는 아무리 잘해주려고 시도해도 아내가 느끼지 않으면 답답할 수밖에 없다. 이런 식으로 남편의 이미지는 아내의 마음속에서 형성된다. 예컨대 남편이 아내의 손을 잡거나 포옹을 하거나 키스를 하는 행위는 행위 그 자체에 있지 않다. 그 행위는 아내의 마음에 전달되고 새겨져서 남편이 자기를 사랑하는 수용의 정도를 거울을 보는 것처럼 알게끔 해준다. 그러므로 수용의 정도는 아내의 마음의 상태에 따라 달라진다. 그 이유를 말하자면 몇 가지로 구분해서 설명할 수 있다.

첫째, 아내는 남편의 것을 담는다. 아내의 신체 구조를 보라. 남편의 씨를 받아들이도록 설계되지 않았는가? 아내는 남편을 자극하여 남편으로부터 씨를 자신의 몸안에 받아들이는 존재이다. 그러므로 결국 남자는 여자의 유혹을 받아 여자를 자극한다. 남편은 아내의 외모에 반해서 자극을 받아 부드러운 말씨, 봉사, 돈, 수고 등을 전달해주므로써 아내를 흡족하게 만든다. 아내는 남편을 자극하고 남편은 아내에게 무언가를 선물하는 존재이다.

둘째, 아내는 남편과 결합되고자 하는 본능을 가지고 있다. 고로 결합이 제대로 되지 않을 때 아내는 분노한다. 여자가 원한을 품으면 오뉴월에 서리가 내린다는 말이 있다. 고로 남편은 아내와 결합하기를 노력하여 아내가 분노하지 않도록 항상 조심해야 한다. 여자를 연약한 유리 그릇과 같다고 표현하는데 이는 유리가 깨질 때 요란한 소리와 함께 날카로운 파편이 사방으로 튀겨나가기 때문이다.

아내의 분노에 대해 대처를 제대로 하지 못하면 극단의 결과를 맞이하게 됨을 알라. 그것이 남편의 운명이다.

셋째, 아내는 남편과 결합되었을 때 비로소 진정한 자아를 갖기 때문이다. 남편과 결합되지 못한 아내는 울타리없는 집과 같아서 의지처를 잃어버려 위기를 감당하기 어려워진다. 이럴 경우 매우 충동적이 되고 좌충우돌하게 된다. 아내는 남편과 결속할 때만이 안정감과 평온을 회복하게 되어 삶의 의미를 갖게 된다. 문제는 아내 자신의 문제가 있음에도 남편과 결속하려는 성질이 있다는 것이다. 남편 입장에서 도저히 가까이 접근하기 어려운 상황인데 아내는 결속이 안되었다는 자체만으로 남편의 탓으로 여기는 경향이 있다. 자기 반성은 남편의 산물임을 알아야 한다. 여기에 남편의 고민이 있다.

어찌되었든지 간에 둘이 화합하지 못했을 때 아내는 좌절을 하게 되고 본능적으로 분노를 터트리기 때문에 남편이 회피하기도 한다. 그러나 아내 스스로 다른 것과 결합하고자 남편과 분리하고자 하는 경우도 있다.

넷째, 아내는 남편의 현명함을 사랑하기 때문이다. 남편을 하늘이라고 말하고 머리라고 표현하는 것은 그들에게 멀리내다볼 수 있는 눈이 있기 때문이다. 세상을 보는 시각이 멀리 볼 수 있도록 열려있어서 갈 길을 제시하기 때문이다. 그런 지혜는 자녀들에게 삶의 교훈을 주기도 하고 지혜를 주기도 한다. 또는 자녀는 아버지의 직업을 전수받기도 한다. 아내는 이런 남편의 지혜를 사랑한다. 그러나 분리가 되면 이런 지혜를 모두 잃어버리게 된다. 길을 못찾아 방황하게 되는 것이다.

다섯째, 아내는 남편의 남성다움에 반하기 때문이다. 남성다움이란 보호의 기능이다. 마치 수컷의 새가 암컷에게 먹을 것을 가져다 주듯이 남성다움이란 가족이 안전하게 살 수 있는 환경을 만들어 주고 울타리를 지키기 위해 헌신되어 있다.

여섯째, 남편에게 있는 것이 아내에게 전수되기 때문이다. 아내는 남편으로부터 지혜를 전수받는다. 결혼식을 마치고 첫날을 맞이한 아내는 놀랄만큼 성숙되는 것을 볼 수 있다. 남편의 지혜가 아내에게 들어와 아내를 더욱 성숙하게 만들어주기도 한다. 그러나 극단적으로 그 반대인 경우도 있다.

☞ 배운 것을 삶에 적용할 수 있도록 서로 나눠 봅시다.

● 결합과 분리는 무엇 때문에 발생하는가?

● 부부가 결합이 되려면 무엇이 필요한가?

● 아내는 남편을 어떤 식으로 보는가?

● 부부 결합을 위해 애쓰고 있는가?

● 아내는 남편의 무엇을 사랑하는가?

● 남성다움이란 무엇인가?

☞ 결혼 전문가들이 20년 동안 행복하게 생활한 부부들의 특징에 대해 연구를 했습니다. 그들의 공통분모는 신께 대한 믿음과 헌신이 있었다는 것을 발견했습니다. 종교는 부부에게 공유된 가치관과 이념, 목적의식을 제공하여 동반자관계를 강화시킵니다. 행복한 결혼생활을 하는 부부는 배우자와 결합하여 삶의 궁극적 의미를 찾습니다. 삶의 궁극적 의미를 나눈다는 것은 영혼의 동반자로 인생 길을 함께 걸어가는 것입니다. 고로 부부의 삶은 더 높은 세계를 향해 나아가는 영적 여로입니다.

06
질투심

질투심(JEALOUSY)이라는 용어는 열의(ZEAL)에서 나왔다. 부부사이의 질투심은 부부애가 소멸될 것에 대한 두려움에서 발생한다. 이것은 배우자를 지키기 위한 방어벽과 같다. 고로 질투심은 부부간의 열의라고 할 수 있다.

질투심에는 두 종류가 있다. 합리적 질투심과 비합리적 질투심이다. 합리적 질투심은 부부애를 지키고자 하는 열의이다. 이는 부부애가 사라질 것에 대한 두려움에서 나온다. 만일 부부애가 단절된다면 자신에게 찾아올 슬픔이 크기 때문이다. 그것을 미연에 막기 위해 생기는 것이다. 그러나 비합리적 질투심은 상대방에 대한 동기를 의심하는 병적 상태이다. 아내가 다른 남자들과 이야기하는 것을 보고 화를 내는 남편이 있다. 아내의 행동을 순수하게 보지 않는 것이다. 이런 마음의 상태는 자신감이 없거나 세속적 신념에 물들어 있으면 더욱 증대하며 정신착란을 일으키고 악담하게 된다.

질투심은 무엇을 말하는가?

첫째로 질투심은 사랑의 방어자이다. 질투심은 사랑을 방해하는 대상에게 분노를 발산하여 사랑을 지키고자 한다. 사랑을 제대로 지키지 못할 때는 배우자까지 파멸시킨다. 사랑의 기쁨을 느끼지 못하면 질투심의 분노가 폭발한다.

둘째로 질투심은 높은 수준의 사랑이 아니다. 다만 뜨거울 뿐이다. 만일 남편이 아내의 외도를 의심할 경우 남편은 질투의 열기에 의해 분노를 가진다. 또한 아내는 자신의 외도를 비난하는 남편에 대해 격정적 분노를 갖는다. 둘은 맹렬한 불꽃 전쟁을 치르게 된다. 사랑은 생명이다. 그러므로 사랑을 공격하는 자는 곧 생명을 공격하는 것이다. 예컨대, 자기 새끼를 해치고 먹이를 빼앗으려는 맹수에게 어미가 겁없이 달려드는 경우가 있는 것처럼 말이다.

질투는 불의 세계이다. 질투는 사랑에서 야기된다. 사랑에 의해 더욱 질투는 커지고 뜨거워진다. 이를 '사랑의 불'이라고 한다. 고로 타인으로부터 사랑이 공격을 받으면 곧 질투심의 분노로써 폭발한다. 그리고 분노는 추론과 상상에 의해서 더욱 기세 높이 불타오른다. 추론은 불꽃을 일으키면서 타들어가는 장작과 같다. 마치 닭이 볏과 깃털을 세워서 공격하듯이 분노로써 상대방을 방어한다. 그러나 방어할 힘마져 없으면 슬픔과 불안이 생긴다. 슬픔이 생기는 이유는 생명과 기쁨의 소멸을 예견하기 때문이다.

그러므로 추론이 세속적이면 분노로 인한 행동은 더욱 저질스러울 수밖에 없고 더욱 확장될 수밖에 없다. 그만큼 오해가 더 무섭다는 것을 알라. 이처럼 사랑과 생각은 한몸이기 때문에 사랑이 공격을 받으면 그 순간 생각도 동시에 공격을 받는 것이다.

그렇다면 선한 자들도 분노하지 않는가? 이세상에 존재하는 사람들은 크게 나누어서 선한 자와 악한 자가 있다. 선과 악의 질적 수준은 천차만별이다. 선한 자와 악한자는 겉으로는 같아 보이지만 속은 전혀 다르다. 겉으로 보면 둘 다 분노로 보인다. 둘 다 사랑을 방어하기 위해 대적을 향해 불꽃이 타오르지만 내용은 전혀 다르다. 선한 사람의 질투 속에는 애정이 들어있지만 악한자의 질투는 증오와 복수심이 숨어 있다. 선한 사람은 뜨거운 열기로 방어할 뿐이고 상대방이 멈추면 공격하지 않는다. 그러나 악한 사람은 상대방이 멈추어도 상대방을 확인 사살하며 자신 스스로도 붕괴하여 온전히 가정을 초토화시킨다. 이것이 선한 자와 악한 자가 다른 점이다.

다시말해 선한 사람은 상대방이 후퇴하면 공격을 멈추지만 악한 사람은 끝까지 좇아가서 공격한다. 그러면 이런 관점에서 보면 부부 중 누가 선한 자이고 누가 악한 자이겠는가? 가만히 눈을 감고 지난 날의 부부싸움의 장면을 떠올리고 생각해보라. 자신이 어떻게 싸웠는지를 말이다.

● 생각해 보기 ●

☞ 배운 것을 삶에 적용할 수 있도록 서로 나눠 봅시다.

● 부부 질투심은 왜 일어나는가?
● 부부 질투심의 두 종류는?
● 선한 자의 열의와 악한 자의 열의는 무엇이 다른가?
● 사랑에 공격받으면 어떻게 되는가?
● 분노가 계속 타오르는 것은 무엇 때문인가?
● 사랑을 방어할 힘이 없으면 어떻게 되는가?

☞ 부부 성적 친밀감을 위한 10가지

① 사랑이 넘치는 의사소통이 될 때 우정이 깊어진다.
② 친밀감이 자라도록 하라.
③ 분노, 짜증, 부당함, 인정받지 못한 감정을 풀어내라.
④ 최선을 다해 평등한 부부성장을 이루라.
⑤ 내면에 있는 어린이같은 마음을 즐기라.
⑥ 성적 민감성을 일깨우라.
⑦ 몸에 잠재된 즐거움의 감각을 해방시키라.
⑧ 영성의 능력을 개발하고 즐기라.
⑨ 창조적으로 부부관계를 개발하려고 노력하라.
⑩ 항상 몸을 잘 돌보라.

－상담학자 하워드 클라인벨

07
출산과 보호

자연을 둘러보라. 자연만물은 언제나 짝을 이루고 있다. 동식물의 세계는 암컷과 수컷이 짝짓기를 통해 자신과 같은 종류를 세상에 내보낸다. 암컷과 수컷의 애착의 기운은 온 우주에 가득하다. 이런 기운없이는 자연만물이 유지, 보존될 수 없다.

자연만물은 암컷과 수컷의 결합에 의해 씨가 퍼진다. 사람도 부부의 결합에 의해 자손이 번성한다. 남자와 여자는 육체적 결합으로 씨를 퍼트리는데, 내적으로는 마음과 마음의 결합이다. 그러므로 남편의 마음은 씨와 같고 아내의 마음은 밭과 같다. 씨와 밭의 만남, 남자와 여자의 만남은 우주의 변함없는 원리이다.

남자와 여자는 어떻게 만나는가? 남자과 여자는 서로에 대해 결합의 에너지를 동원하고 기운이 합하여 자녀를 임신하고 출산한다. 남자와 여자는 서로를 그리워하면서 결속하여 자손을 잉태하고 출산한다.

사람에게는 출산과 보호의 기운이 감돌고 있다. 주체를 에워싸고 감싸는 것을 기운이라고 한다. 자연만물이 보존되기 위해서는 출산과 보호의 기운이 필요하다. 자연 만물의 보존을 위한 기운을 출산 이라고 하고, 세대 보존을 위한 기운은 보호라고 한다. 부부는 출산을 하며 자녀를 보호한다. 이런 기운으로 만물은 유지되어 간다. 그렇지 않으면 우주는 파멸로 갈 수밖에 없다.

예컨대, 봄의 대지는 씨를 받기 위해 준비 상태가 된다. 대지는 씨를 받음으로 임신을 한다. 그리고 대지는 씨를 가지고 싹을 내고 꽃을 피우도록 영양분을 주면서 양육하고 재배하고 사랑한다. 이는 대지의 출산이다. 고로 대지는 식물의 어머니인 셈이다. 이 과정은 동물과 벌레까지 미친다. 벌통안에 여왕벌이 벌들의 어미가 되는 것과 같다.

남편과 아내에게 부부 사랑과 자녀 사랑은 하나가 된다. 이는 보편적 법칙이다. 이는 출산의 기쁨과 함께 보호가 시작되는 것이 당연하다는 것을 말해준다. 엄밀하게 말해서 출산의 목적을 위해 부부 사랑이 있으며 자녀 보호는 출산과 더불어 존재한다. 목적은 또 다른 목적을 위해 원인이 된다. 부부는 출산을 위해 그리고 출산은 보호를 위해 존재하며 또 출산을 준비한다. 이런 진전은 계속되며 언젠가 결국 한계에 이른다.

이런 원리는 동물과 식물, 광물도 유사한 사랑이 존재한다. 예컨대, 식물은 땅에서 빨아올린 수액으로 씨를 생산하고 껍질로 보호한다. 광물은 모암석에 의해서 보석이 감추어져 있다. 사람도 부부 사랑에 의해 자녀를 출산하면 끊임없이 사랑을 준다. 자녀 출산은 다른 사랑에 비해 탁월하다. 그때 남자는 생식의 상태이고 여자는 영접의 상태가 존재한다. 그 사랑은 최고의 기쁨을 가져다 준다. 최고의 기쁨은 자녀에게 흘러 들어간다.

● 생각해 보기 ●

☞ 배운 것을 삶에 적용할 수 있도록 서로 나눠 봅시다.

● 남자와 여자는 어떤 기운이 감돌고 있는가?
● 아버지와 어머니의 역할은 무엇이 다른가?
● 심장과 폐의 기능은 무엇인가?
● 부모는 딸에게 무엇을 가르칠 수 있어야 하는가?
● 부모는 아들에게 무엇을 가르쳐야 하는가?
● 남자가 되는 것은 무엇을 확장시켜야 하는가?

☞ 지금 알고 있는 걸 그때도 알았더라면

나는 분명코 춤추는 법을 배웠으리라.
내 육체를 있는 그래도 좋아했으리라.
내가 만나는 사람을 신뢰하고
나 역시 누군가에게 신뢰할 만한 사람이 되었으리라.
입맞춤을 즐겼으리라.
정말로 자주 입을 맞췄으리라.
분명코 더 감사하고,
더 많이 행복해 했으리라.
지금 내가 알고 있는 걸 그때도 알았더라면.

- 킴벌리 커버거 -

08
아내는 남편의 임자

가부장적 사고의식이 가득한 남자에게는 이 말이 비위에 거슬리는 말이 될 수 있다. 그러나 남자와 여자 둘의 관계적 입장에서 볼 때 그 말은 사실이다. 그 이유에 대해 이제 설명하고자 한다.

아내가 남편의 주인인 이유는 남편의 모든 세계가 아내에게서 귀결이 되기 때문이다. 예컨대, 남편이 돈을 벌면 누구에게 가져다주는가? 남자가 극한 어려움과 험한 일을 견디는 힘과 이유는 무엇인가? 남편들에게 물어보라. 아마도 누구든지 서슴없이 처자식을 먹여 살리기 위해서라고 말할 것이다.

남편이 자신의 씨를 누구에게 주는가? 아내이다. 아내는 남편의 모든 것을 담는다. 남편의 행동은 모두 아내를 향해 집약되어 있다. 고로 아내는 자신을 위해 존재하는 남편의 세계를 파악하고 남편을 위해 사랑의 서비스를 베풀고 남편에게 사랑의 열매를 안겨준다.

결국 남편의 삶의 안식처가 분명하다. 그것은 아내이다.

만일 가정에 아내가 없거나 다른데 마음이 뺏겨버리면 그 남편은 삶의 구심점을 잃어버리고 마치 지진이 일어난 것처럼 흔들리게 된다. 과거 우리 아버지들이 집에 들어와서는 제일 먼저 누구를 찾는가? 엄마이다. 나는 이런 소리를 아버지로부터 많이 들어왔다. "엄마 어디 가셨니?" 엄마가 없는 아버지는 불안한 듯 보였다. 남편에 대해 반감을 가진 여자는 이런 말을 자신을 속박하는 말로 들리겠지만 속박하는 말이 아니라 남편에게 아내는 삶의 구심점이기 때문이다. 남편이 살아가는 목적과 이유는 아내에게 집약되어 있다. 그래서 남편은 부인과 이혼이나 사별을 할 때 가장 큰 충격을 받는다.

두번째로 아내가 남편의 임자인 이유는 부부가 같이 살면서 부인의 허락없이 남편이 사업이든 자녀문제이든 한발자국도 진전할 수 없다는 점이다.

더구나 아내가 남편의 사업에 방해라도 하겠다고 마음먹게 된다면 남편의 사업은 그때부터 내리막길로 들어선다.

아내가 한을 품으면 오뉴월에 서리가 내린다는 말이 있는 것처럼 그 남편은 된서리를 맞게 된다. 아내는 남편의 모든 것을 속속들이 잘 알고 있는 터이기 때문에 남편이 잘되는 꼴을 보기 싫으면 결국 남편의 사업은 망하게 된다.

이 말에 대해 "나는 그렇지 않다"고 항변하는 남자도 있을 것이다. "남자는 남자고 부인은 부인이지 어떻게 그럴 수 있는가" 고 말하는 분들도 있을 것이다. 그러나 한번이라도 경험해 본 분들은 더욱 그것이 무엇을 의미하는지를 잘 알 것이다.

부인이 남편의 사업장에서 소리를 질러대거나 남편의 직장에서 상사나 동료 앞에서 모욕과 창피를 안겨주어서 직장을 그만두는 경우도 있다. 더구나 같이 해야만 하는 일을 하는 분들의 경우에 부인이 작심을 하고 망가뜨리려고 할 때 이럴 수도 없고 저럴 수도 없는 그런 황당한 경우를 만나기도 한다.

더구나 아내가 극도로 반대하는데 남편이 마음 편하게 계속적으로 사업을 진행한 일을 본 일이 있는가? 아마도 대부분 부인들의 잔소리나 뒷 담화에 매일 쓴 약을 먹게 될 것이고 고통스러운 나날을 보내게 될 것이다. 부인으로 인해 잘되는 사람도

56

있지만 부인으로 인해 인생이 망가진 경우도 있다.

세번째는 아내는 남편의 모든 것을 소유한다는 점이다. 남편들은 힘들게 벌어온 돈을 대체적으로 아내에게 가져다준다. 아내는 그 돈을 관리한다. 아내는 성실하게 남편이 벌어온 돈을 가지고 가정생활의 대소사나 자녀들을 위해 적당하게 나누어 융통성있게 사용한다.

남편의 노력은 결국 아내에게서 마지막을 맞이하게 된다. 최근에는 맞벌이 부부가 많지만 그럴지라도 대개 남편은 아내에게 자신의 버는 돈을 가져다주는 것이 일반적이다.

보통 남자들은 흔히 이런 말을 자주 한다. "나는 마누라의 종이다. 부인이 시키는 대로 한다" 남편들은 그런 의식을 갖고 산다. 이는 여러 가지 이유가 있겠지만 보통 남편들은 아내의 서비스를 받고 살지만 그에 대한 많은 대가를 지불한다.

남편은 아내의 사랑을 받아야만 사는 존재들이다. 그래서 남편들은 아내의 사랑을 받기 위해 발버둥을 쳐댄다. 어려서는 엄마의 사랑을 받지만 성인이 되어서는 아내의 사랑을 갈구한다. 아내의 사랑을 받은 남편은 얼굴에 만족감과 행복감이 가득하다. 그러나 그렇지 못한 남편은 얼굴에 허전함과 불만족이 가득하다. 그래서 남편에게 있어서 아내의 사랑은 절대적이다. 남편의 주된 관심사는 아내이다.

아내의 사랑을 얻기 위해 남편은 돈을 주고는 아내에게 능력을 인정받기를 즐겨하고 아내의 미소와 따뜻한 말씨와 감사의 인사를 즐거워한다. 그리고는 어깨가 으쓱해진다. 그리고 더욱 그런 말을 듣기 위해 자기의 주머니를 털고 아내를 위해 모든 것을 내놓는다. 남편의 노력과 봉사에는 가족을 위한 명분도 있지만 사실은 아내의 미소와 다정한 말씨를 얻고자 하는 면이 더욱 크다.

남편들은 메마르고 거친 세상에서 아내가 자신을 향해 바라보는 해맑은 미소를 언제나 기다리고 있으며, 그 미소에 행복감을 가득 안는다. 바보스럽지만 남편은 아내의 미소에 행복과 불행이 좌우되는 인생을 살아간다. 이것이 남편의 운명이다.

그러므로 아내는 남편에게 어머니와 같은 존재이다. 여자 소녀 팬들이 케이팝 가수들의 춤과 노래에 환호하면서 소리를 질러 대는데, 마치 어머니가 자녀에게 칭찬하는 소리와 같다고 느낀 적이 있었다. 이제 10세밖에 안된 여자아이가 아빠의 옷의 매무새를 고쳐주거나 머리를 쓰담는 것을 보면서 여자의 세계는 어머니의 세계라는 것을 실감한다.

고로 모든 세상에 존재하는 여자는 모두 어머니들이다. 마치 땅이 씨를 받아들여 가지와 잎을 내고 꽃과 열매를 생산하듯이 아내는 자신의 몸속에 남자의 씨를 받아들여 재생산을 위한 모든 양분을 제공한다. 자녀를 생산하기 위해 토양을 제공하는 것이 어머니이다. 어머니는 마음을 먹기만 하면 자녀의 모든 것을 받아들일 준비가 되어 있다.

마찬가지로 남편의 모든 것이 아내에게서 열매를 맺기 때문에 남편은 아내가 자신의 말과 행동을 받아들이기를 고대하고, 자신을 폭넓게 받아들이기를 기다리고 있다. 그래서 아내의 얼굴을 살펴본다. 아내가 자신의 것을 받아들이면 기분이 좋고 안심하지만 아내의 얼굴이 기분이 좋지 않거나 자신을 거부할 듯싶으면 매우 불안하다. 이것이 남편의 운명이다. 옛 어른들은 부인을 부를 때 '임자' 라고 불렀음을 기억하라.

☞ 배운 것을 삶에 적용할 수 있도록 서로 나눠 봅시다.

● 남편의 세계가 아내에게서 귀결된다는 말의 의미는?

● 남편은 어떤 씨를 가지고 있는가?

● 여자의 사랑을 찾아가는 소설을 읽어본 일이 있는가?

● 어머니는 어떤 분들인가?

● 남편외에 다른 곳에 마음이 뺏긴 여자를 보았는가?

☞ 부모 교육 네가지

(1) 강연, 집단토의, 관련 서적 읽기, 집단모임을 통해 부모 상호 간의 정보 나누기를 할 수 있도록 한다.

(2) 부모에게 양육을 위한 기술 훈련의 기회를 제공한다.

(3) 부모가 자기인식을 증진시키도록 돕는다.

(4) 자녀 양육과 발달에 관련된 문제해결의 방법을 부모들에게 중재할 수 있도록 한다.

– FINE

09
이혼의 요인

부부가 살다가 이혼 소송을 할 경우에 이혼 사유 6가지가 있다. 배우자의 부정행위, 악의적으로 유기했을 때, 배우자 혹은 직계존속으로부터 부당한 대우, 직계존속이 배우자에게 부당한 대우를 받았을 때, 3년간 배우자의 생사불명, 혼인을 이어가기 어려운 중대한 사유이다. 이런 사유는 외적 환경적 이유이다. 내적으로는 사랑의 소멸이다. 마치 태양의 열기가 사라지면 지상의 모든 만물이 얼어버리는 것과 같다. 태양의 따뜻한 열기가 들어올 때 식물은 꽃을 피우고 동물은 새끼를 밴다. 사랑은 열기이다.

누군가의 옆에 있을 때 추위를 느껴본 일이 있는가? 사람에게 추위를 느낀다는 것은 열기가 사라졌기 때문이다. 이는 사랑의 상실이다. 이로인해 부부가 살아갈 힘이 없어지고 무관심, 불화, 업신여김, 혐오, 증오가 생긴다. 이런 냉기는 마음과 마음에 전달되고 자녀들에게 영향을 미치고 감염이 된다.

그러면 이혼의 원인은 무엇인가? 부부가 상대방과 하나되고자 하는 의지의 소멸이다. 자연의 세계는 번식의 본능을 가지고 있다. 사람도 남녀를 통해서 번식한다. 자녀는 부부의 결합에 의해 공통적인 생김새를 갖는다. 마찬가지로 마음의 세계에는 결합의 노력이 존재한다. 결합의 노력을 하지 않음은 이미 냉기가 흐르기 때문이다.

어떻게 해야 하나되는가? 남편은 바르게 살고자 애써야 하며 아내는 선한 마음으로 남편의 삶을 존경할 수 있어야 한다. 이런 추구함이 서로를 하나되게 인도한다. 그러나 남편이 바르게 살지 않거나 아내가 악한 마음이 있다면 둘사이는 분리만 존재하게 된다. 한마디로 삶의 목표가 다르다. 서로에 대한 애착이 사라진 상태이다.

● 생각해 보기 ●

☞ 배운 것을 삶에 적용할 수 있도록 서로 나눠 봅시다.

● 법적인 이혼 사유 6가지는?
● 이혼의 요인은 무엇인가?
● 부부가 하나되고자 하는가?
● 이혼의 요인은 무엇인가?

☞ 다음의 문장을 완성해보라.

만약 내 삶에 대해 5% 더 깨달음을 얻는다면.......
나를 행복하게 해주는 것은....
5퍼센트 더 행복하게 살기 위해서는..........
만약 내가 원하는 것을 이루기 위해 좀 더 노력한다면.....
만약 내가 5퍼센트 더 성실한 생활을 한다면.....
만약 내가 원할 때 '예' 라고 말하고 원치 않을 때 '아니오'
라고 말한다면..........
만약 이제부터 행복해지겠다고 마음 먹는다면....
내가 – 를 알았다면.....

– 나다나엘 브랜든

10
혼인 서약

부부의 시작은 대중들 앞에서 혼인 서약하는 순간부터이다. 혼인 서약은 부부가 되기로 결단하면서 더불어 타인앞에서 공포하는 것이다. 부부는 "병들었을 때나 아플 때나 어떤 환경이 갈라놓을찌라도 남편을 존경하며 아내를 사랑하기로 맹세합니다."고 고백한다. 혼인 서약은 주례자 앞에서 하는데, 앞으로 배우자와 영원히 함께하고 헌신하겠다는 약속의 표시로 반지를 교환한다. 이 서약은 평생을 두고 하는 약속이며 진실과 본심이 담겨있고 결코 가볍지 않다. 중요한 것은 서약과 더불어 부부의 일생이 시작된다는 점이다. 이런 서약이 언제까지 지속되는가?

현대인은 이혼의 근거를 상대방의 생활태도, 폭력, 성격차이,

경제적 무능력, 외도, 알코올 문제 등으로 보고 있다. 그러나 단지 차이가 난다는 이유로 이혼을 제기한다면 이혼하지 않을 사람은 없을 것이다. 지구상에 존재하는 남자와 여자는 모두 다를 수밖에 없다. 꼭 맞는 사람은 없다. 어차피 남자와 여자가 아닌가? 남자와 여자는 다를 수밖에 없다. 중요한 것은 배우자에게 어떤 각오와 마음가짐을 가지고 있느냐 하는 것뿐이다.

부부 서약속에는 모든 것을 함께 공유하겠다는 내용이 들어있다. 재물, 좋은 일과 나쁜 일, 질병, 젊음과 늙음, 자녀 생산, 사회 공헌, 종교 등에 있어서 모든 부분을 함께 공유하겠다는 것이다. 이는 마음의 공유이다. 마음의 공유는 종교적인 의미를 내포하고 있다. 종교는 마음의 상태를 선하게 하기 때문이다. 고로 부부는 항상 마음을 우선으로 여기고 여타 다른 것은 나중으로 여겨야 한다.

그러나 마음에서 멀어진 부부는 개인의 프라이버시나 인권을 말하면서 결국 재산 분할에 관심을 갖는다. 이것이 제대로 이루어지지 않으면 법정에 고소를 하여 하나라도 더 차지하기위해 애쓴다. 그동안 함께 사용해왔던 것을 분리하고 자녀들조차 나눌 수밖에 없다. 그러나 마음이 하나일 때는 재물을 분배하는 일은 관심사가 아니다. 재산분할은 분리된 마음이 외적으로 드러난 것에 불과할 뿐이다. 혼인 서약은 내적인 것을 기초로 하고 있으며 마음에 새겨진 것이다.

또한 서약은 사랑과 호의를 죽을 때까지 보이겠다는 뜻이다. 금슬이 좋은 부부는 서약을 지키고자 하며 상대방에게 잘해주지 못한 것에 대해 후회감과 미안한 마음을 갖는다.

부부는 서약을 기초로 상대방에게 배려와 선용을 베푼다. 그리고 상대방에 대한 애정과 끌림과 호감을 가지고 서약을 지키고자 노력한다. 그러나 배려를 잃어버린 부부는 미움과 불신만 가득하여 재물에만 관심을 둔다. 서약에는 안중에도 없다. 서약은 의례적인 말에 불과하다. 그러므로 이런 생각을 가진 부부는 경솔하고 인생에 진지함이나 심사숙고하지 않는다. 매사에 순간의 쾌락과 만족에 물들어 있을 뿐이다.

오늘이라는 상태는 배려와 선용의 결과물이다. 부부의 삶은 서로에게 배려와 선용의 연속적 과정이라고 볼 수 있다. 그리고 그 시작은 서약으로부터이다.

부부의 목적

● 생각해 보기 ●

☞ 배운 것을 삶에 적용할 수 있도록 서로 나눠 봅시다.

● 부부는 언제부터 시작되는가?

● 서약은 무슨 의미인가?

● 부부는 무엇을 목표로 살아가야 하는가?

● 배려와 선용이 있는 부부와 그렇지 않은 부부의 차이는?

☞ 자녀를 향한 사랑과 신뢰의 서약

1) 나는 어떤 값을 지불하고라도 내 자녀에게 신실하겠다.

2) 나는 나 자신의 명예에 앞서 내 자녀의 명예를 지키겠다.

3) 나는 자녀의 행동이 아무리 절망적이어도 곁에 있겠다.

4) 나는 자녀의 행동을 다룰 긍정적인 방법을 찾아가겠다.

5) 나는 언제나 내 자녀에게 최선을 다할 것이다.

6) 나는 자녀가 내게 지우는 부담도 인내로써 견뎌내겠다.

7) 나는 시련이 심해지더라도 자녀와 함께 이겨낼 것이다.

8) 나는 언제나 내 자녀를 신임하고 믿어 주겠다.

날 짜 :

서명인 :

11
약혼과 결혼

주로 남자가 결혼할 배우자에게 구애와 청혼을 하는데 그 이유는 무엇인가?

첫째, 남자는 판단력이 뛰어나기 때문이다. 남자는 무엇이 적합하고 부적합한지를 명료하게 식별하고 판단한다. 여자도 배우자될 사람을 선택하지만 주로 애정에 의해 판단하기 때문에 자칫하면 순간의 감성에 충동성에 이끌리기 쉽다.

둘째, 남자는 확신을 갖기 때문이다. 남자는 확신을 갖고 저돌적으로 여자에게 구혼한다. 이런 이유로 선택이 남자에게 속한 것이다. 남자는 여자에게 정중하게 구애하는 것에 대한 책임을 진다. 여자가 배우자를 선택하는 것은 한정적이지만 남자는 선택의 폭이 넓다.

셋째, 남자가 여자에게 구애나 청혼을 하게 되면 여자 입장에서는 남자의 간절한 구애에 정복당한 것을 명예롭게 느낀다. 만일 여자가 남자에게 구애를 하게되면 자존심을 버린 것같고 품행을 팔아버린 것같이 느낀다.

처녀가 남자에게 청혼을 받으면 어떻게 하는 것이 좋은가? 먼저 부모에게 자문을 구하는 것이 좋다. 왜냐하면 부모는 인생에서 많은 남자들을 보았고 그 됨됨이를 명확하게 직시하기 때문이다. 부모는 딸의 행복을 위해 염려하고 걱정한다. 딸은 경험이 부족하고 배우자를 판단하는 지식과 사랑을 균형있게 저울질하지 못한다. 배우자를 판단하는데 무지하다. 아직은 상대방 남자를 제대로 살필만큼 역량이 충분하지 않다. 상대방에 대한 지식과 정보를 가지고 올바른 결정을 하지 못하는 이유는 욕심에 좌우되고 또 쉽게 성관계를 맺어버리기 때문이다. 성관계를 맺어서 감각적으로 흥분된 상태가 되어 사랑하지 않는 남자와 결혼하기도 한다. 이렇게 되면 순결을 정욕으로 바꾸어 버린 꼴이 되는 것이다.

청혼 승락이 있은 후에는 어떻게 해야 하는가? 반드시 서약이 있어야 한다. 서약은 확인과 증명을 의미한다. 서약은 당신이 나를 사랑한다면 증표를 주십시요 라는 표시이다. 그러므로 반지같은 예물로써 서약을 확인하는 일이 남았다. 서약은 사랑의 가시적인 증거이고 기념이다. 서약은 첫 정이므로 이러한 정은 어떤 선물보다 소중하다. 청혼 승락 뒤에 반지를 주고받는 것은 고대로부터 내려온 하나의 관습이다. 예물을 주고받은 이후에는 신랑 신부가 되었음을 공포한다. 예물은 약혼 전에는 혼인 승락의 확증이고 예식 후에는 하나됨의 확증이다.

청혼과 약혼 이후에는 무엇을 준비해야 하는가? 부부 사랑을 준비해야 한다. 부부 사랑은 마음과 마음의 결합이다. 먼저 마음의 개방이 있어야 하고, 하나되고자 하는 목표로 성숙되어야 한다. 혼인을 소중하게 여기는 사람은 마음의 결합이 먼저이고 육체의 결합은 나중이다. 사랑은 상대방을 위해 헌신하는 것이며 영원한 합일을 사모한다. 합일의 증가는 마음을 활기있게 할 뿐 아니라 소망을 가져다준다. 그러나 결혼을 육체의 결합만을 생각하는 사람은 정욕으로 인해 신성한 부부됨을 모독하고 변질시켜 버린다. 먼저 육체 관계를 하고는 이미 엎질러진 물을 주어담을 마음으로 서둘러 결혼하고는 이후 결혼 생활을 지옥같이 보내는 자도 있다. 이는 신성한 결혼을 모독한 죄 값이라고 볼 수밖에 없다. 청년의 정욕으로 무지하게 결혼을 시작했다고 할지라도 마음을 소중하게 여겨서 깨닫고 이제라도 새로운 마음으로 나아간다면 부부 연합의 깊이를 확장할 수 있다.

부부 사랑은 점차적으로 증가해야 한다. 마음의 영역에는 높은 영역이 있는가 하면 낮은 영역이 있다. 부부는 순결한 사랑을 위해 낮은 데서 더 높은 영역으로 나아가야 한다. 즉, 선용의 단계로 올라가야 한다. 다시말해 부부는 바르게 사는 데서부터 선용의 지혜에 이르러야 하며 바르게 산다는 것은 호색하지 않고 정결하게 사는 것을 말한다.

사랑을 보존하고 유지시키는 궁극적인 힘은 정결이다. 부부 사랑이 높은 데로 전진하지 못하게 되면 불결하게 되어 낮은 영역에서 빙빙 돌게 된다. 여기서 부부간의 경멸과 태만이 시작되서 둘 사이는 차가움으로 도배된다.

마음의 준비가 되었으면 그다음에는 무엇을 해야 하는가? 결혼예식이다. 예식은 반드시 있어야 한다. 결혼예식은 마음과 몸의 새로운 시작이다. 마음은 섹스를 통해 육체에 전달되어 배우자의 상태를 옷입게 된다. 고로 섹스는 마음이 전달되는 도구이다. 결혼예식은 서로가 한몸을 입는 것이다. 결혼예식을 통해 헌신의 서약을 하게 되는데, 처녀가 아내가 되고 총각이 남편이 된다. 결혼예식으로 새로운 상태 변화가 이루어진 것이다. 그러므로 결혼예식은 신성할수록 좋다. 목사나 신부에 의해 집전되는 것이 좋다. 결혼예식을 종교인이 해야 하는 이유는 혼인은 하늘이 맺어준 인연으로 믿기 때문이다. 목사와 신부는 하늘의 사랑과 축복을 담당하는 분들이다. 결혼예식을 통해서 일가친척과 증인들 앞에서 공포하고 서약을 한다. 이는 결혼의 신성한 의무를 공개적으로 지키겠다는 서약이다. 이런 서약을 기초로 자녀를 낳을 권리가 합법화 된다.

결혼식 이후에는 피로연이 따른다. 피로연은 신랑과 신부, 하객들이 모두 함께 혼인의 기쁨을 만끽하는 것이다. 사랑은 가슴에서 시작되어 몸으로 흘러든다. 마음은 축하의 생각으로 충만하고 그 기쁨에 흠뻑 취한다. 피로연으로 마음의 기쁨을 하객들과 같이 나누고 혼인의 즐거움에 젖는다.

결혼식이 끝난 이후, 부부 생활은 육체의 결합과 함께 마음으로 상대방을 사랑하는 것을 느끼게 된다. 겉으로 보이는 몸은 마음의 명령을 수행하는 외적인 틀이다. 중요한 것은 마음이 육체의 주인이라는 것이다. 그러므로 혼인을 소중하게 여기고 순수한 마음으로 순결함을 유지하면 육체도 같이 깨끗해진다.

그러나 마음이 불결하면 외적 행위가 불결해진다. 마음이 정결할수록 부부사랑은 더 강렬해지고 마음이 불결할수록 그나마 초기에 가졌던 사랑의 온기마저 박탈된다. 사랑의 온기는 순수와 비례적으로 진전하기 때문이다.

부부사랑의 방식은 어떤 형태로든 계속 진전한다. 목적은 원인을 거쳐 결과에 이른다. 목적이 잘못되면 결과도 그와 같다. 변질된 부부사랑은 마음을 황폐하게 만들고 정신적 기근을 가져와 바짝 마른 황폐한 논두렁과 같이 된다. 그 처절한 비극적 결말을 당해본 자는 이미 경험해 보았을 것이다. 이같은 현상은 남자와 여자가 혼인의 질서를 무시하고 감각적이고 쾌락적인데 집착했기 때문이다. 그러므로 건강한 부부생활을 하고자 한

73

다면 스스로 자문을 해야 한다. 이성을 저버리고 서로에 대해 예의를 버리고 육체적인 것에만 추종하면 결말은 모든 것이 바닥에 떨어지고 만다. 그래서 정신적이고 이성적인 상태를 잃어버리고 관능적이고 쾌락을 목적으로 혼인관계가 시작된다면 부부 상호간에 마음의 결합은 사라지고 결국 껍데기만 남은 야위고 무미건조한 상태가 되고 만다. 이는 본질이 고갈되었기 때문이다.

부부 혼인의 질서는 하나의 상태를 만들어낸다. 인간은 언제나 긍극적인 상태를 만들어내는 존재이다. 예컨대, 씨나 묘목은 나무가 되어간다. 사람은 살면서 지혜가 쌓이고 정치가는 사려분별이 쌓이고 학자는 학문, 종교인은 전능자를 바라보고 그에 맞는 신앙이 형성되고 아이는 성인이 되어간다. 이는 하늘의 긍극적인 섭리이다. 부부가 만나서 오랜기간동안 살아가면서 매 순간마다 하나의 상태를 이루는데, 어떤 이는 좋은 열매를 맺고 어떤 이는 미움이 형성되어 싸움과 고성이 오고간다. 그리고 결국은 한방에서 함께 숨쉬고 있다는 사실조차 견디지 못해서 파국에 이른다. 부부간에는 둘사이의 품질이 형성된다. 각 부부의 상태는 신혼, 중년, 노년시기를 거치면서 각 시기마다 천차만별로 상태의 품질이 있다. 부부간의 발달 단계이다. 삶이 계속되면서 그때마다 그 열매가 있다. 중요한 것은 상태는 진화하지만 그때마다 어떤 상태인가 하는 것이다.

그것은 부부사이의 열매이다. 부부간에 특별한 것은 불결과 정결에 따라 상태를 만들어낸다는 것을 알아야 한다. 부부는 악이 머무는 만큼 냉기가 흐르게 되는데 이는 부부사이의 숨통을 조이고 샘이 고갈되어 말라버린다. 그러나 부부간에 선이 존재하면 그 부부는 생명력이 있어 빛을 발한다. 이같은 것은 부부상호간이나 개별적인 면에서도 마찬가지이다.

이렇게 본다면 예민한 아내와 남편은 상대방의 말과 행동, 습관을 보면서 현재 상태를 느낄 수 있는 것이다.

☞ 배운 것을 삶에 적용할 수 있도록 서로 나눠 봅시다.

● 결혼의 과정을 설명해 보라

☞ 중년 부부에게 제안

● 그 동안 아내와 남편의 얼굴을 한번이라도 사랑을 가지고 본적이 있습니까?

● 하루의 몇 시간을 부부 대화에 할애합니까?

● 대화를 나누는데 방해되는 요소는 무엇입니까?

● 지난 날을 감격의 순간, 고마웠던 순간을 말해 보세요.

● 당신 부부가 처음 만났던 순간을 기억합니까?

● 죽음에 대하여 생각해 본 적이 있습니까?

● 남편이 또는 아내가 내 곁에 있다는 사실에 마음속 깊은 곳으로부터 감사가 나옵니까?

● 당신은 자신이 중년이라고 생각하십니까?

● 당신이 실감하고 있는 육체적인 변화, 심리적인 변화는 어떤 것이 있는지 구체적으로 말해보세요.

12
재혼

이혼이나 사별을 하면 재혼하게 된다. 재혼은 전남편이나 아내에 대한 사랑의 정도에 따라 재혼의 경향은 단축되거나 확대된다. 부부사랑이 약한 경우, 한쪽이 사망한 후에 마음이 곧바로 분리가 되어 새로운 상대를 찾아 결합하고자 한다.

그러나 사랑했던 부부는 그 사랑의 정도에 따라 상대를 잃은 슬픔과 두려움이 마음 깊은 곳에 자리잡기 때문에 재혼하고자 하는 마음이 그만큼 약하다.

재혼을 하는 이유는 다음과 같다. 자녀를 돌봐줄 어머니가 필요한 경우, 배우자 없이는 살 수 없다는 생각이 있는 경우, 외로움, 경제적인 경우 등이다.

마음의 결합없이 육체적 관계에만 의존했던 부부는 이혼후에 본질적인 것이 존재하지 않기 때문에 재혼을 가로막을 것은 없다. 육체적인 필요와 이익으로만 상대를 대하기 때문에 어떤 상대방이라도 결혼할 수 있다. 이들은 부부 관계를 단지 육체적 필요에 의존하는데, 재혼하면 성관계를 자유롭게 할 수 있거나 이익을 위한 관계 정도로만 여긴다.

마음의 결합이 없었던 부부 생활은 이혼후에 마음이 분해되고 만다. 연애기간에는 지위나 재정, 외모에 반하지만 결혼 후 시간이 지나서야 마음의 결합을 알 수 있다. 이혼한 여성이 재혼하는 이유는 경제적 필요, 의존의 대상, 삶을 헤쳐나가기 어렵다는 이유, 사랑의 대상을 찾기 위해서 등이다. 이런 이유는 여성이 세상을 살기위해 남성의 돌봄과 조언, 지혜, 신중함 등이 필요하기 때문이다.

재혼 부부가 살기힘든 이유는 이미 결혼 생활을 해왔기 때문이다. 그만큼 상대방을 순수하게 보지 않는다. 또다시 이혼이나 결별할 것에 대한 두려움도 있다. 이미 이혼의 상처로 인해 상대방에 대한 신뢰가 떨어진 것이다.

● 생각해 보기 ●

☞ 배운 것을 삶에 적용할 수 있도록 서로 나눠 봅시다.

● 재혼부부가 가장 힘든 부분은?

☞ 중년기의 발달과제

칼 융은 인생의 전반기는 외부세계로 에너지가 향하게 되고 후반기는 이 생명 에너지가 내부로 향하게 되어 정신적인 가치와 영적인 가치를 추구하게 된다고 했다.

해비거스트는 중년기를 사회에 대한 그들의 영향력이 최고에 달하고 사회 역시 그들에게 최고의 요구를 하는 시기로 보았다. 이 시기에 요구되는 발달 과제들로는

● 십대의 자녀를 책임감 있고 행복한 성인이 되도록 도와주는 일

● 성인으로서 시민적, 사회적 책임감을 수행하는 일

● 만족할만한 경제적 생활수준을 이룩하고 유지시키는 일

● 여가 활동을 개발하는 일

● 배우자와 한 인간으로서 관계를 맺는 일

● 중년기의 사회 심리적 변화에 대한 적응과 수용

● 노부모에게 적응하는 일이다.

13

자녀

부 부 사랑의 첫째 목적은 출산이다. 대체적으로 부부는 부부 사랑과 비례하여 자녀를 사랑한다. 그러나 그렇지 않은 경우도 있다. 부부 사랑은 좋지 않은데 자녀를 사랑하는 경우도 있기 때문이다.

부부에게는 자녀 보호의 본능이 있다. 우주만물에는 출산과 보호의 기운이 존재한다. 자녀를 출산하기 위해서는 먼저 사랑이 선행되어야 한다. 부부는 출산과 보호를 통해 사랑이 더욱 증폭된다. 이는 사람뿐만 아니라 식물과 광물계도 동일하다. 식물은 땅에서 영양분을 끌어올려 성장하며 겉껍질에 의해 보호된다. 광물은 암석에 의해 보석이 감추어져 있어서 보호된다.

아이가 세상이 나오면 갓난아이 상태이며 스스로 자신을 보호
할 수 없는 상태에 놓인다. 이때 부부는 사랑하는 마음으로 자
녀를 돌보아 준다. 이런 행위는 부모에게 신이 부여한 특별한
본능적 마음이다. 결코 우연한 현상이 아니다. 부모에게는 자녀
를 사랑하며 보호하는 본능적 자기사랑을 가지고 있다. 이런 본
능은 짐승에게도 있다. 아무리 악한 부모라고 할지라도 자녀를
보호하는 일은 자기 것을 아까와 하지 않는다.

보호 본능은 처음에는 어머니이고 둘째는 아버지에게 주어진
다. 또한 애정은 여자에 의해 시작되고 여자를 통해서 남자에
게 전가된다. 남자는 어려서 어머니를 통해서 커서는 아내에게
서 애정을 전수받는다. 그렇지 못하면 남자는 애정없이 삭막한
남자가 된다.

애정이 여자의 전유물이라고 하는 근거는 여자와 남자의 발달
심리적 상태를 보면 안다. 어려서 여자 아이들은 인형 놀이를
하면서 인형에게 옷 입히고 입을 맞추고 가슴에 안고 다닌다.
어려서부터 인형 놀이를 통해 보호 본능이 작동하고 보호의 기
능을 연습하는 것이다.

어머니는 임신하고 출산의 고통을 겪는다. 그리고 갓난아이와

하나가 됨으로써 자신의 생명을 자녀와 공유한다. 본래부터 자녀를 사랑했던 것처럼 보인다. 반면에 남자 아이들은 이런 애정이 없다. 남자 아이들은 경쟁하기를 즐기고 전쟁 놀이나 자동차 등과 같은 놀이기구를 좋아한다. 그리고 성장해서는 사회에 나가 다른 사람과 경쟁하여 이기고 돈을 벌어들인다. 남자들에게는 직업이나 사회적 역할이 중요하다.

그러므로 보호의 기능으로 말하면 여자는 내적인 애정을 통해 자녀를 보호하는가 하면 남자는 외적으로 경제, 사회적으로 울타리가 됨으로 자녀를 보호하게 된다.

어떻게 아이와 부모가 보호의 관계에 들어가는가? 순수가 둘 사이를 하나되게 한다. 어린아이들의 얼굴을 보면 순수하다. 그들은 선과 악, 참과 거짓을 모른다. 아이들은 세상에 대해 무지하며 분별력이 없다. 이들은 무엇이든 부모에게 의존되어 있으며 자신을 자랑하지 않는다. 이들은 부모로부터 받은 것을 선물로 알고 만족한다. 장래 일을 근심하지 않고 염려가 없으며 천진난만하게 놀며 소꿉동무를 사랑한다. 이것이 아이의 순수이다. 아이의 순수함은 부모에게 전이된다. 그리고 부모와 아이는 서로 접촉하고 교감을 하면서 순수가 하나가 된다. 순수는 육체적 촉감을 통해서 이루어진다.

서로 교감을 이루기 위해서는 동질적이 되어야 한다. 부모와 아이가 하나가 되어야만 아이는 부모로부터 보호를 받을 수 있다. 그렇지 않으면 부모의 관심을 끌 수 없기 때문에 버림당할 수도 있다. 마치 이리에게 던져진 어린양과 같이 된다.

어머니는 아이를 품에 안고 손으로 쓰다듬고 수유를 하며 맨살을 만지고 목욕을 씻기고 옷을 입히는 과정을 통해서 하나가 된다. 내적으로는 시각으로 보고 청각으로 듣고 후각으로 향기를 맡고 촉각으로 만지므로 마음속에는 황홀한 기쁨이 가득하다. 부부도 촉감을 통해 사랑과 기쁨의 긍극적 교감이 이루어진다. 피부의 접촉과 감각적 느낌에 의해 육체와 마음이 결속된다. 부모와 아이는 촉감을 통해서 서로 결합하는 것이다. 사람, 짐승, 새들도 접촉으로 순수함이 들어온다.

그러나 아이들이 자라면서 부모와 접촉이 약해지면서 그만큼 순수가 감소되고 그 정도에 따라 결속력이 약해지며 결국 분리에 이른다. 아이들의 자아가 커지면서 순수가 감소하게 되면서 부모로부터 점점 멀어져 간다. 이런식으로 자녀는 부모로부터 독립하게 된다.

부모와 자녀에게 순수가 있다면 어떤 상태가 존재하는가? 그것은 평화이다. 순수는 언제나 평화와 손잡는다. 부모와 자녀가 접촉으로 인해 순수를 가졌다면 평화의 상태가 존재한다. 왜냐하면 아이들은 부모 외에는 아무도 모르기 때문이다. 아이는 부모를 못할 것이 없는 최고의 존재로 여긴다. 아이가 갖는 부모에 대한 존경심은 둘사이의 평화를 불러온다. 그러나 이런 상태는 아이가 스스로 지식을 배우면서 부모에게도 부족한 면과 나약함이 있음을 알면서 점차적으로 소멸된다.

부모의 자녀 사랑은 아이의 무지와 자신을 스스로 보호할 수 없고 순수가 있을 때 돌봐주는 본능적 기운이다. 이런 마음은 천래적 마음이다. 인간에게는 이런 자녀 돌봄의 의지가 있으므로 사회질서가 유지되고 안정적으로 자녀가 온전한 인격으로 성장할 수 있다. 이것이 부모에게 주어진 자녀를 부양하고 선용하는 능력이다.

그러나 부모가 자녀를 제 소유물로 여기고 아이에 대해 학대나 폭력을 가한다면 평화는 깨지고 아이의 분노를 조장하게 되고 자녀의 순수를 파괴하는 결과를 가져온다. 그러므로 사랑에는 아무 것도 기대하지 않는 순수 돌봄이 필요하다. 부모는 자녀에게 모든 기대를 포기하고 돌보는 희생적 사랑이 있어야만 평화가 존재한다.

그러면 자녀에 대한 돌봄은 언제까지 이어지는가?
부모의 자녀 사랑은 아들과 딸, 손자와 손녀에게 대를 이어 내려간다. 이것을 내리사랑이라고 한다. 내리사랑의 원인은 인류가 번식을 위한 목적을 위해서이다. 그 목적을 달성하기 위해 자녀를 생산하며 인류가 번성하는 결과를 가져온다. 내리 사랑의 증대는 인류의 번성을 돕는다. 내리사랑으로 부모는 점점더 성숙한 부모가 되어 가는 것이다.

그러면 부부의 자녀 사랑은 어떤 목표를 가져야 하는가? 그것은 선용이다. 자녀에게 선용하고자 하는 의지를 갖는다. 부모의 자녀에 대한 선용의 의지가 없으면 부모의 욕심에 사로잡혀서 자녀에 대해 순수한 관심이 멀어지고 부모의 책임과 의무를 버리고 말 것이다. 사랑의 수준과 질은 천차만별이다. 순수한 마음으로 자녀를 사랑하는 부부는 마음 깊숙이 사랑한다. 이런 부부는 선용을 위해서 지혜를 가지고 자녀를 어떻게 사랑해야 하는지 그 방법을 터득한다.

반면에 자기중심적인 부부가 있다. 이들은 선용의 의지가 없고 순수하지 못하게 자녀를 돌본다. 자녀를 자기 소유물 정도로 여기고 자신의 모든 욕심을 충족시키고자 자녀를 이용하고자 한다. 자신의 못다 이룬 한을 자녀를 통해서 채우고자 한다. 이는 선용이 아니다.

이러한 마음은 자녀가 청소년기에 이르게 되어 모든 기대가 무너진다. 왜냐하면 청소년기에 갖는 반항으로 인해 자녀와 충돌이 발생하기 때문이다. 고로 부모는 자신의 욕심 충족을 위한 기대를 내려놓아야 한다. 그런 욕심속에는 주로 물질적이고 세상에서 출세와 같은 것들이다. 어리석은 부모는 선용을 위해서 자녀를 사랑하는 것이 아니다. 이들의 자녀 사랑은 곧 자아 사랑이고 외적인 면에만 집착되어 있다.

그러나 지혜로운 부모는 선용의 마음으로 자녀가 성숙되기를 기대한다. 그래서 부지런히 가르치고자 하며 상처를 주지 않으려고 애를 쓴다.

●생각해 보기●

☞ 배운 것을 삶에 적용할 수 있도록 서로 나눠 봅시다.

● 자녀를 어떤 마음으로 대해야 하는가?

● 내리사랑이란 무엇인가?

● 어리석은 부모는 자녀를 어떻게 야육하는가?

● 남자아이들은 어려서 어떻게 놀이를 즐기는가?

● 여자아이들은 어려서 어떻게 놀이를 즐기는가?

☞ 자녀 양육에 위해 점검해야 할 몇가지

① 자녀를 두기 원하는 이유는 무엇인가?

② 몇명의 자녀가 적당하다고 생각하는가?

③ 양육은 남편과 아내 중 누가 책임을 져야하나?

④ 자녀양육의 목표는 무엇인가?

⑤ 자녀에 대한 부모의 의무는 무엇이라고 생각하는가?

⑥ 자녀란 우리에게 어떤 존재인가?

⑦ 자녀 양육에 대한 원칙을 세워보자.

⑧ 순종하는 자녀를 만들기 위해서 부모가 해야할 것은?

⑨ 자녀교육에 실패하면 어떤 결과를 가져오게 되는가?

⑩ 자녀양육에서 훈계에 대한 관점을 정리해 보자.

14
외도

외도는 부부 사랑과 반대되는 것으로 타인과 사랑에 빠진 것을 말한다. 간통은 배우자가 없는 이성과 맺는 정욕을 뜻한다. 다른 사람의 아내와 정욕에 빠짐은 간음이라고 한다. 간음과 간통은 순결과 불결의 차이를 모르면 제대로 알 수 없다. 왜냐하면 간통법이 폐지된 지금의 현시점에서 간통이 죄 될 것은 없다고 말할 수 있기 때문이다. 지금 말하고자 하는 외도는 간음과 간통을 합친 것을 포함해서 부부 사랑에 정반대되는 것을 말한다. 외도는 부부 사랑을 경멸하고 파괴시키는 총체적인 모든 것을 말한다. 외도를 알고자 하면 먼저 그 반대되는 개념인 부부 사랑을 알아야만 한다. 마치 선을 알아야만 악을 알 수 있는 논리와 같다. 아름다움을 알게 되면 자연스럽게 추함을 알고 예의범절을 알면 무례를 알게 된다. 빛의 반대는 어두움이고 따뜻함의 반대는 차가움이다. 낮과 밤, 여름과 겨울, 즐거움과 슬픔, 기쁨과 우울은 정반대되는 것이다. 마찬가지로 부부 사랑의 반대는 외도이다. 그러므로 부부 사랑을 알면 외도를 파악할 수 있다.

외도는 겉으로는 부부 사랑을 닮았다. 그 이유는 쾌락 때문이다. 쾌락은 즐거움을 주기 때문에 겉으로 보기에는 부부 사랑보다 더 크게 느껴지기도 하고 부부 사랑인 것처럼 보이기도 한다. 그러기에 도덕성이 부족한 사람의 눈에는 자신의 외도를 합리화하게 되고 외도하는 당사자가 본래의 부부였던 것처럼 느껴진다. 그래서 외도가 심하게 되면 현재의 부부를 무시하고 외도하는 당사자를 오히려 진정한 부부라고 확신한다.

부부 사랑과 외도의 차이를 알아보자. 부부 사랑은 내적인 사랑이고 외도는 그렇지 않다. 내적 사랑은 상대방에게 선용하고자 하는 의도가 있다. 그러나 외도는 색욕이 가득하다. 색욕은 부부 사랑을 파괴시킨다. 외도는 겉으로는 사랑의 기쁨이 있으나 실제로는 정욕이다. 또한 외도속에는 거짓, 정욕, 호색, 간통이 있기 때문에 언제나 거짓으로 자신을 포장하게 되고 순결과 겸손은 없다. 악과 친구되어 거짓되게 살면서 간음을 조장하면서 이렇게 하는 것이 매우 정당하고 자신은 이렇게 할 수 있는 권리가 주어진 것인양 떠들어댄다. 아전인수격이다. 그러나 바르게 살기를 바라면서 선을 친구로 여기는 사람은 선용하면서 살아간다.

외도는 도덕적인 사람이 되지 못하고 짐승같이 살아가도록 유도한다. 하지만 부부 사랑은 내적으로 성숙한 사람을 만든다. 부부 사랑은 현명하게 이끌며 도덕성을 유지하게 되지만 외도는 이와 반대가 된다. 결국 외도자는 도덕성을 가볍게 여기고 어리석은 짓을 반복하는 것이다. 자연 세계에는 부부 사랑과 외도, 대립되는 두개의 기운이 존재한다. 부부 사랑의 기운은 사랑과 지혜에서 나오지만 외도는 정반대이다.

둘은 결속될 수 없다. 합리성과 의지에 따라서 둘 중 하나를 선택해야 한다. 사람은 의지와 합리성을 가지고 선택하는 존재이다. 둘 중 하나는 포기해야 한다.

만약 인간에게 선택에 대한 자유 의지가 없다면 짐승에 불과할 것이다. 그러므로 인간은 옳고 그름사이에서 선택을 해야 한다.

올바른 길에는 평안과 기쁨이 있지만 그릇된 길에는 불안과 쾌락이 주어진다. 진정한 기쁨이 있는 자는 호색의 열망, 정욕, 색욕, 음란을 일으키는 정욕이 어떤 것인지 보이지만 쾌락에 몰입된 자는 진정한 기쁨이 무엇인지 알지 못한다. 기쁨과 쾌락에는 공통점이 없다.

외도를 버리고 진정한 부부 사랑을 하고자 하려면 어떻게 해야 하는가?

첫째, 정욕적이고 호색적인 쾌락을 버려야 하며 둘째, 이런 것을 부부 사랑을 파괴하는 쾌락으로 인정하고 셋째, 불결한 것으로 이해해야 한다. 이렇게 시인하는 정도에 따라 부부 사랑의 기쁨이 주어지게 된다. 이를 집으로 비유한다면 부부 사랑은 금으로 덮은 찬란한 빛으로 둘려있고 내실은 보석으로 치장되어 있는 집과 같다. 반면에 외도는 겉으로는 아름답게 치장하였지만 속에는 온갖 더러운 것이 가득한 쓰레기 하치장에 불과하다. 결론적으로 부부 사랑은 지혜에 의한 기쁨을 누리지만 외도는 단지 관능에 의한 쾌락에 불과하다. 이들은 유혹에 의해 아무런 대책없이 세파에 떠밀려갈 뿐이다.

☞ 배운 것을 삶에 적용할 수 있도록 서로 나눠 봅시다.

● 부부사랑과 외도의 차이는 무엇인가?

● 진정한 부부사랑을 원하는 자는?

● 외도하는 자에게 해주고 싶은 말은?

☞ 부부가 가정에서 수행하여야 할 역할 8가지

① 가사 작업 수행 : 식사 준비하기, 설거지, 가계부 기록 등

② 부양자 : 가계 소득 장만

③ 자녀 양육 : 자녀들의 신체적 보호

④ 자녀의 사회화 : 자녀에게 가치, 태도, 기술 등을 가르치기

⑤ 성적 욕구 충족 : 부부의 원만한 성생활

⑥ 인척 관계 유지 : 친지들과 친하게 지내기

⑦ 오락의 역할 : 가족들과 함께 오락을 즐기기

⑧ 가족 상담 치료의 역할 : 문제를 들어주고 충고 하기.

15
간음

어느날, 저세상에서 천사가 혼인과 간음의 차이를 질문하였다. 그러자 사람들은 간음은 단지 법을 위반한 것뿐이라고 대답하였다. 천사는 또 다시 결혼과 간음안에 선과 악이 있느냐고 물었다. 그러자 그들은 결혼과 간음의 차이는 없고 단지 같은 행위일뿐이라고 대답하였다. 천사들은 사람들에게 간음은 죄라고 말했다. 그러자 그 말을 들은 사람들은 모두 비웃으며 말하기를 다른 사람의 아내를 사랑하는 것이 형벌을 받을만한 이유가 있습니까? 하고 반문하였다고 한다.

간음을 단지 육체적 행위 정도로만 여기는 자는 간음이 악하다는 사실을 깨닫지 못한다. 그러나 간음은 육체적 행위에만 국한하지 않고 마음과 깊숙하게 연관이 있다.

간음의 종류는 단순 간음, 더블 간음, 삼중 간음이 있다.

단순 간음은 미혼 남자와 유부녀, 미혼 여자와 유부남의 관계를 말한다. 이는 혼인 서약을 깨뜨리고 부부사랑을 무너뜨린다. 간음은 신성한 결혼에 위반한 것이며 혼인을 더럽히고 이성의 빛에 거스른다. 이것이 진실이기 때문에 간음자들은 깊이 뉘우쳐야 한다. 중요한 사실은 남에게 대접받고자 하는 대로 남을 대접해야 한다는 사실이다. 다른 사람이 자신에게 행하는 것을 원치 않는다면 자신도 하지 말아야 한다. 부부간에 지켜야할 예의이다.

둘째, 더블 간음은 유부남과 유부녀의 관계이다. 간음은 부부 사랑의 흐름을 가로막는다. 만일 부부 사랑이 단절되면 부부 사이에 순수함이 사라지고 냉기가 흐르며 부부 사랑이 말살된다. 습관적으로 몸에 배여 간음을 행하는 자가 있다. 마치 시커먼 개가 하얀 분칠을 하면서 포장을 하고는 정욕에 헐떡거리는 모습을 하고 있다. 자신의 간음에 방해되는 말이나 행위를 보이는 이에게는 으르렁거리며 달겨들어 갈기갈기 찢어놓는 그런 형국이다.

셋째로, 삼중 간음이다. 이는 근친상간이나 친척과의 관계이다. 이는 심각한 범죄 행위이다. 사람의 인격을 버리고 짐승처럼 된 것이다.

간음은 그때의 상황과 우연성에 따라 등차가 있다.

첫째는 무지에 의한 간음이다. 이는 지적 수준이 낮거나 이해력이 둔한 사람에 의해 저질러지는 간음이다. 판단력이 부족하거나 미성숙한 소년과 소녀, 만취 상태, 정신착란에 의해 간음을 범할 수 있다.

둘째는 충동적인 정욕에 의한 간음이다. 부부 사랑과 간음은 언제나 긴장 관계에 있다. 부부 사랑이 커지면 정욕이 압도당한다. 그러나 정욕이 일어나면 부부 사랑은 약해진다. 그래서 달콤한 분위기와 유혹에 의해 흥분하게 되어 충동적인 간음을 범한다. 이런 정욕적 충동은 간음을 가볍게 여기게 만든다. 이런 간음은 이해의 수준에 따라 달라진다. 충동적 간음은 초기에는 이해와 관계없이 간음을 행하지만 시간이 지나면서 스스로 깨닫게 되거나 반성하게 되면서 버리게 된다.

셋째는 간음을 스스로 정당화하는 경우가 있다. 이들은 잘못이라고 여기지 않는다. 그리고 책임을 회피한다.

간음은 확신의 정도에 따라 두종류로 분류할 수 있다. 하나는 이해적 간음이고 다른 하나는 의지적 간음이다. 이해는 지식적이고 의지는 목적적이다. 의지는 그 사람 자체이고 이해는 의지에서 비롯된 사상이다. 그러므로 의지적 간음은 이해적 간음보다 중증이다. 이해적 간음은 확신 정도에 따라 다르다. 사람이 확신을 갖게되면 의지가 따라온다. 올바른 삶을 살고자 확신하게 되면 결혼을 옳은 것으로 여기고 간음을 버린다.

그러나 낮은 가치관을 따르면 간음을 영웅적인 행위로 여기기도 하고 간음을 옳다고 여겨 결혼을 무가치하게 만든다. 결국 악을 선하다고 하고 거짓을 옳다고 인정한다. 악을 선으로 확신하면 할수록 쾌락, 즐거움을 목표로 인생을 산다. 의지적 간음은 심각하다. 사람은 본질적으로 의지 자체이기 때문이다. 의지에서 비롯되면 목표를 갖게 된다. 간음은 깨달음과 의지에 따라 그 수준을 구분할 수 있다.

● 생각해 보기 ●

☞ 배운 것을 삶에 적용할 수 있도록 서로 나눠 봅시다.

● 간음을 하지 말아야할 이유는 무엇인가?

● 간음의 종류에 대해 말해보라

● 이해적 간음과 의지적 간음의 차이는?

☞ 부부간의 인격적 적응에 도움을 줄 수 있는 구체적인 사항

① 다른 사람에게 친절한 태도를 취한다.

② 자기중심적에서 벗어난다.

③ 성급하지 말고 쉽사리 화를 내지 않는다.

④ 지나치게 염려하지 않는다.

⑤ 경쟁적인 관계로 간주하지 않는다.

⑥ 다른 사람의 충고를 귀찮게 생각하지 않는다.

⑦ 유쾌한 기회를 가지게 하는 활동을 즐긴다.

⑧ 어려운 사람들을 위해서 다정한 태도를 보인다.

⑨ 근면하고 질서 정연하며 책임감이 강하라.

⑩ 성도덕을 존중하고 성윤리에 호의적인 태도를 보인다.

참고도서

· 김홍찬. 이노센스, 한국상담심리연구원, 2002.

· 김홍찬. 순진무구 수치심을 치유하다, 한국상담심리연구원, 2016.

· 김홍찬. 사람이란 무엇인가, 한국상담심리연구원, 2015.

· 김홍찬. 김군의 마음 질병편, 한국상담심리연구원, 2017.

· 김홍찬. 광물에게서 삶을 배우다, 한국상담심리연구원, 2017.

· 김홍찬. 식물에게서 깨달음을, 한국상담심리연구원, 2017.

· 김홍찬. 인체기행으로 하늘나라에. 한국상담심리연구원, 2017.

· SWEDENBORG. 혼인애. 예수인. 2000.

· 설은주. 가정공동체교육의 실제, 예영, 1997.